guide

导读

萨义德

（原书第2版）

Edward Said 2e

[澳]比尔·阿希克洛夫特 (Bill Ashcroft)
[澳]帕尔·阿卢瓦利亚 (Pal Ahluwalia)　著

王立秋　译

重庆大学出版社

本译著为

中央高校基本科研业务费专项资金资助

（supported by the Fundamental Research Funds for the

Central Universities）

"第三世界社会理论研究"（项目编号:3072020CFJ1306）成果

目　录

我们今天为什么需要导读书？　　/iii

中译本前言　　/ix

丛书编者前言　　/xiii

为什么是萨义德？　　/1

关键思想　　/13

1　在世性：文本　　/15

2　在世性：批评家　　/33

3　东方学　　/59

4　作为帝国主义的文化　　/103

5　巴勒斯坦　　/143

6　萨义德的晚期风格　　/167

萨义德之后　　/185

进阶阅读书目　　/193

参考文献　　/215

索　引　　/227

我们今天
为什么需要导读书?

这批来自"劳特利奇批判思想家"(Routledge Critical Thinkers)系列的小书,构成了"思想家和思想导读"丛书的基石。早在丛书策划之初,我们就在豆瓣那个"藏龙卧虎"之地结识了一群志同道合的朋友。我们之间的对话从一个提问开始——"我们今天为什么需要导读书?"

> 我们今天对西学的译介,依然有一些是盲目跟进式的译介,而缺乏系统、深入的相关性研究。[1]

面对有识之士发出的这句尖锐批评,我们试图借助这一发问所引发的一系列思考,探寻专业性导读对于中国学界,特别是初入门者,意味着什么。呈现在我们面前的这套译作,是加入这次"探寻之旅"的朋友们,用他们的精彩译笔所作的回应。然而,在文本之外,一些智慧之果还散落在他们的言说之中,需要显现。

---

1 王晓路.序论:词语背后的思想轨迹[M]//王晓路,等.文化批评关键词研究.北京:北京大学出版社,2007:5.

豆瓣 id:フ

"地图书"(将导读书视为探索思想的地图。)这个说法很不错,和弗雷德里克·詹姆逊(Fredric Jameson)的认知地图(cognitive mapping)有异曲同工之妙。

如果让我来定位入门书的意义的话,我会借用詹姆逊提出的另一个概念,即消逝的中介(vanishing mediator)。在一个辩证扬弃的过程中,一个"消逝的中介"发挥这样的作用:它施力于前一个状态从而引导出后一个状态,这个过程完成的同时它即消逝。

如果把入门书比作一个"消逝的中介"的话,它不怕当初的读者回过头来觉得它有种种缺陷和不足,因为这恰恰是它所想要达成的。如果一套入门书能发挥这样一个作用,我觉得它的编撰者就应该没有遗憾了。

豆瓣 id:剧旁

(李三达,湖南大学文学院副教授)

目前,很多中国学生读书进入了误区,就是认为读原典才是正道,解读的书一概不读,生怕这些人家咀嚼过的内容会影响他们对原典的认知。这真是再荒谬不过了,而我导师一再强调要规避这种误区,不要总摆出一副不世奇才的心态,别人苦心经营的研究成果只能是明灯,与原典相辅相成,待到你学力足够方知深浅和漏洞,彼时再别出心裁不迟。我深以为然。

豆瓣 id:坏卡超

二手文献或导读性文献确实很有必要。并且也应该重视英语世界的二手文献。尽管英语世界不是欧陆哲学的发源地,但英语作者一般都会比较注重用清晰易懂的语言来解释深邃的道理。

豆瓣 id：近视眼女郎

（路程，上海外国语大学文学研究院助理研究员，《导读阿多诺》译者）

我个人以为，无论从学术还是知识普及的角度来说，系统引进导读类的书都是多多益善的。当我想了解某位思想家，首先会做的，也是去寻找一些靠谱的导读书来看。

豆瓣 id：年方十八发如雪

国内许多入门级、导论级著作，往往都是引了过多的原文，而非对文本本身的解读。换言之，本来是要作者来解释文本，结果成了作者从原著中摘了几句话，让读者自行领会。或者直接就是由作者的一些论文拼凑出来。这样的后果自然是让初学者一头雾水，完全起不到导论的功能。

相比而言，Critical Thinkers 这套书的一个优点就是由作者带领读者读文本，其次就是每本书后面的文献相对来说都比较齐全，有助于进一步的研究，最后是该系列的很多思想家都是国内很少涉及的，比如阿甘本等，引进来也有开拓作用。总之，老少咸宜。

豆瓣 id：Igitur

（于长恺，爱好阅读法国当代哲学书籍）

毕竟从原著开始着手，需要忍受其本身的拧巴语言风格，西式的语法结构，不同的文化背景、语境。能够有可靠、系统的介绍文本为后续的阅读指引道路，可以节省许多绕弯路的时间，减少初学者的挫折感，增强学习兴趣。

豆瓣 id:H.弗

(卢毅,复旦大学哲学学院)

这些著作就成了维特根斯坦所说的"梯子",特别是初学者在很大程度上需要借助它们来对某位思想家基本的思想观点先有个大致的把握和了解,这样,一方面可以帮助人们铺平一些道路、消除一些畏难心理,另一方面可以作为一个引子更好地激发起人们的学习兴趣而不只是无助感与挫败感。

豆瓣 id:Gawiel

(马景超,美国维拉诺瓦大学[Villanova University]哲学系博士在读,《导读波伏瓦》译者)

我以前在国内读书的时候,也经常感到这样的不便,尽管黑格尔、康德和海德格尔等寥寥几位有一些不错的入手读物,但是大部分人还是缺乏类似的读物来引荐。我也非常希望能够通过"地图书"来改变大家的读法,否则,对于很多学科和很多学者都只是停留在泛泛了解一点的程度上,很难进行有建设性的学术研究。比如,人人都知道福柯谈"权力",然而什么是权力,则需要深入阅读福柯的几本作品,并且能够将不同作品里面的理念联系起来,才能有所了解,否则只是在用我们日常语言中的"权力"去套用福柯的牙慧。如果没有导读性质的作品,读者(尤其是本来就没有精读压力的人)就很容易停留在套用牙慧这个地方,而对于真正有意思的书望而却步。

还有像巴特勒(Butler)这样的作家,作品中有一些话看上去很有力("性别是一种操演"),但是理解前后文就需要知识背景("主体由操演建构")了。那么,如果没有导读类的书,一般读者很容易就理解为:一个人可以自由决定自己扮演男性还是女性,而这恰恰是巴特勒（作为反人文主义［anti-humanism］传统的继承）最不可能持有的观点，她想说的恰恰是自我的形成过程中，性别作为一种操演已经参与了这一形成，因此没有性别之外、语言之外的"无性别"、"前性别"的主体。

这些都是我常见到的误解，我觉得也许导读类书的引介可以改变这种"好读书不求甚解"的现状，尤其是对于并非哲学专业，但是需要运用到哲学理论的人，导读类的书更可以起到介绍理论背景和避免断章取义的作用。

豆瓣 id：迷迭香
（李素军，南开大学文学院讲师）

作为一个理论专业的学生，我深知直接读原著的个中艰辛。理论难读的原因之一是翻译，抛却误译等人为因素，西方思想转换到中文语境里所带来的语言的晦涩也是一个很大的问题；其二，每个思想家都有自己的理论语境，他在继承什么、反对什么都不是短时间内可以看明白的，换言之，我们得摸清楚他的理论轨迹。

豆瓣 id：霍拉旭的复仇
（汪海，中国人民大学文学院副教授）

从学生过来的我，也经历过一个阶段，听到很多老师强调直接阅读原典，生怕受二手资料的影响。但实际上，若没有一个导读的阶段做宏观把握，直接读原典的结果就是不知所云，看了就忘。

我个人从来不相信"白板说"，以为学生在不读二手书之前是纯洁的、不受污染的、具有反思力的"白板"。没有大量的阅读，根本培养不出反思力，导读是必需的，最好是有多重不同看法和角度的导读。

极其要不得的是对原典的态度——面对"名著"没有一颗平常心：或者极其功利地想要推翻它，从而证明自己的高明；或者直接拜倒，因为它是"典"，是权威。好的读书方法就是培养好的民主政治素质，要学会听不同的意见，"名著"之所以是名著，不是因为它是"典"，是权威(虽然它有权威性)，而在于它是一个伟大的空间，容得下太多的探讨、太多的声音，不断激发更多的思考、更多的创造，所以才有那么多人前赴后继地走进来。

不妨把导读看作一个邀请、一个好客的举动，带我们进入原著的空间，而不是助教，不是训导，不是"原著"这个白胡子老头打算教训弟子之前的开场白或者清清嗓子。

导读也是前人外出探险之后留下来的攻略，不可能事事准确、面面俱到，它邀请你历险，最后写出自己的攻略。

前面说过，我不相信白板——没有单纯的读者。没有导读的读者，他会用从前未经反思的有限阅读经验当导读。如果他自以为此前完全没有受过二手思想的影响，他反而缺乏对自我的反省和批判。

中译本前言

在近代,几乎没有公共知识分子,能把自己的智识生活和公共生活熔合起来。爱德华·萨义德是那种非凡的现象:他是一个充满激情的知识分子,他的激情全面影响了他的学术工作和他的公共生活,以及他追求社会正义、"对权力说真话"的决心。自他去世以来,他的遗产一直有着不曾衰竭的强大影响力,而他与权力对抗的欲望,也因此变成一个普世的咒语。

萨义德对东方学的突破性的分析,改变了我们思考世界的方式。《东方学》这本出版于 1978 年的书在过去和现在,都对文学与文化研究有着深刻的影响。这也可能是他最著名的作品,但它出自一种特别的、对其时代来说过时的哲学——在世性[1]的哲学。在世性的影响,甚至比《东方学》还要深远,因为正是这种哲学,孕育了那本书。对萨义德来说,写作不只是"文本",也是一个在写作中

---

1 worldliness,简单来说,就是"在这个世界中"这个性质。先前的译法如"现世性"和"世俗性"都不太能传达在这个位置特征。在世性是现世的,因为人不可能在生前不可企及的彼岸或尚未到来的后世;在世性是世俗的,因为它意味着在这个世界。——译者注

得到反映的真实世界的产物。在后结构主义生成某种批评的"神学"，不断把文本移出世界的时代，萨义德逆流而上，反对这种神学，支持被他称为"业余主义"的世俗批评。这意味着，批评运用的观念，应当出自一种爱和一种相信想象的作品可以改变事物的信念，而不是出自某种专业化、技术性的专业技能。

萨义德还宣告了一种过时的对人文主义的追求，这种追求从表面来看好像摆出了这样的姿势：对人的核心性进行一种过时的欧洲式的赞美。但在萨义德那里，人的概念从来不是使文化的认同和差异同质化的那种概念（的确，他自己的认同的矛盾不一致本身就排除了一切关于人的自我的静止的看法），相反，萨义德的人的概念，对当代的智识潮流及其过度专业化的语言带来的非人化的、令人厌恶的影响提出了异议。这是因为对他来说，理论的信念，无论多么精致复杂，都不能压抑物质的条件，不能压抑个体的真实生活——特别是那些承受着殖民化和边缘化带来的流离失所后果的个体的生活。

萨义德对自己的矛盾在世性的认识是随1968年战争而来的，当时，他第一次感觉到，他被他周围的人（他选择在他们之中生活）视为敌人。这种流亡感的结果，便是《东方学》《巴勒斯坦问题》和《报道/遮蔽伊斯兰》三部曲。这个三部曲认识到了再现的力量，以及主流的社会与文化通过控制人们看待世界，特别是看待那些被认为是"他者"的人的方式来施加权力的能力。萨义德对再现的力量的认识，指导着他的公共和智识生活。他在几乎完全敌视他的媒体中为巴勒斯坦而斗争。他胜利了。无疑，要是没有他的声音，世人就无法得知美国对巴勒斯坦的种族态度了，东方学的媒体会把它掩盖过去。

萨义德拒绝暴力的抵抗，他认为那是徒劳而适得其反的，他向被殖民者和被压迫者提倡一种他称为逆向的旅行（journey in）[1]的策略。这种旅行不只是进入帝国的地理中心的旅行，也是进入支配的社会的内心与头脑的旅行。就这种"逆向的旅行"而言，没有人做得比萨义德更有效。通过在野兽的腹部——纽约哥伦比亚大学——写作，他开始了他的战斗，现在我们可以看到，这是一场真正英勇的战斗，一场反对持续不断的、根深蒂固的错误再现文化的战斗。

在他最后的作品中，他说："身为巴勒斯坦人，我认为我们可以说，我们留下了一个愿景和一个在每一次企图杀死它的尝试后幸存下来的社会。这是了不起的。从那里出发，批判地、理性地，带着希望和克制继续前进，是我们和你们的下一代人的使命。"他留下的幸存的遗产，出自这样的信心：在所有人都共享它的时候，和平就会到来。只有我们继续对权力说真话，和平才可能到来。萨义德的一生，确证了塞内加尔诗人艾梅·塞泽尔的话：在胜利的集结点所有人都有空间。

为一个数世纪以来一直受东方学影响的国家，把这本关于爱德华·萨义德——他的书《东方学》已经成为一部经典——的作品翻译为中文，是完全恰当和及时的。在今天，思考在世性、人文主义、正义和再现诸问题，是当务之急。

比尔·阿希克洛夫特

2019 年 2 月

1　即萨义德所用的 voyage in。为区分我把 voyage in 译作"逆向的远行"。这个概念与西方人、殖民者向海外殖民地旅行、远行，通过殖民进入被殖民的世界的行动相对。——译者注

丛书编者前言

本丛书提供对影响文学研究和人文学科的主要批判思想家的介绍。当在研究中遇到一个新的名字或概念时,本丛书中的某本可以成为你阅读的首选著作。

丛书收录的每一本著作都将通过解释一位重要思想家的核心观念,把这些观念置入语境并且——也许,最重要的是——向你展示为什么这位思想家被认为是重要的,来帮助你进入她或他的原始文本。这是一套不需要专门知识的简明、清晰的导读系列。尽管聚焦于特定的人物,本丛书也强调,没有一位批判思想家是在真空中存在的。相反,这样的思想家是从更广泛的智识的、文化的和社会的历史中出现的。最后,这些著作将在你和思想家之间搭建一座桥梁:不是取代原文,而是补充她或他的作品。

编写和出版这些著作是非常必要的。在 1997 年出版的自传《无题》(Not Entitled) 中,文学批评家弗兰克·克默德(Frank Kermode)描写了发生在 1960 年代的这样一段时间:

本前言由王立秋(豆瓣 id:Levis)翻译。——编者注

　　在美丽的夏日草地上，年轻人整夜地躺在一起，从白天的劳顿中恢复过来，聆听着巴厘音乐家的巡回演出。在毛毯和睡袋下，他们懒洋洋地谈论着当时的大师们……他们重复的大多是传闻；因此我在午休时，非常即兴地提议，做一套简短、廉价的丛书，提供对这些人物的权威而易懂的导读。

　　对"权威而易懂的导读"的需要依然存在。但本丛书反映的却是一个不同于1960年代的世界。随着新的研究的发展，新的思想家出现了，而其他思想家的声誉则盛衰不一。新的方法论和挑战性的观念在艺术和人文学科中传播开来。文学研究不再——倘若它从前如此的话——仅仅是对诗歌、小说和戏剧的研究与评价。它也是对在一切文学文本和对这些文本的阐释中出现的观念、问题和疑难的研究。别的艺术和人文学科也发生了类似的变化。

　　新的问题也随之出现。在人文学科的这些剧变背后的观念和问题，经常被不以更广泛的语境为参照地呈现出来，或被呈现为你可以简单地"加"在你阅读的文本上的理论。当然，有选择地挑出某些观念，或使用手头现成的东西并没有什么错，而且确实有一些思想家认为事实上我们能做的就是这些。然而，有时人们会忘记，每一个新观念都是出自于某个人的思想的底样及其发展，而研究他们的观念的范围和语境是重要的。与"浮于空中的"理论相反，本丛书贯之始终的是把这些重要思想家和他们的观念放回它们原本的语境中去。

　　不仅如此，本丛书收录的著作还反映了回归思想家自己的文本和观念的需要。一切对某个观念的阐释，甚至是看起来最为单纯的阐释，也会或隐或现地给出它自己的"有倾向性的陈述

（spin）"。只阅读论述某位思想家的著作，而不读该位思想家的文本，就是不给你自己作决定的机会。有时，使一位重要人物的作品难以让人进入的，与其说是它的风格或内容，不如说是（读者）不知道从哪里开始的那种感觉。本丛书的目的，就是通过为这些思想家的观念和著作提供一个容易理解的概述，通过引导你从每位思想家自己的文本开始进行进一步的阅读，来给你一个"入口"。用哲学家路德维希·维特根斯坦（1889—1951）的比喻来说，这些书是梯子，是在你爬到下一层楼后要扔掉的东西。因此，它们不仅帮助你进入新的观念，也会通过把你领回理论家自己的文本，并鼓励你发展你自己的有依据的意见，来给你力量。

最后，这些书之所以是必要的，是因为，就像智识的需要已经发生变化那样，全世界的教育系统——通常导读就是在这个语境中被阅读的——也发生了根本的变化。适合1960年代的精英型高等教育系统的东西，不再适合21世纪更大、更广、更多样的高科技教育系统了。这些变化不仅要求新的、与时俱进的导读，也要求新的介绍方法。本丛书的介绍方式，就是着眼于今天的学生而发展出来的。

丛书收录的每本书都有类似的结构。它们一开始的部分，都提供对每位思想家的生平和观念的概述，并解释为什么她或他重要。每本书的核心部分，都讨论了该思想家的核心观念，这些观念的语境、演化和接受（情况）。每本书也都以对该思想家之影响的审视——概述他们的观念如何被其他思想家接纳和阐发——作结。此外，每本书的书末，都附有一个建议和描述进阶阅读书目的部分。这不是一个"附加的"内容，而是全书不可或缺的组成。在这个部分的第一部分，你会发现对书中所涉及思想家的核心著作的简述；此后，是关于最有用的批评著作的信息，有时候也有一些相关网站。这个部分将引导你的阅读，使你能够跟随你的兴趣并发展出你自己的计划。丛书中的注释是按所谓的哈佛系统（在文本中给出作者的姓名和参引著作的出版日期，你可以在书后的参考文献中查到完整的信息）给出的。这种注释方式在极小的空间中提供了大量的信息。丛书也会对技术性术语加以解释，并用方框插入对一些事件或观念的更加细节性的描述。有时，方框也用于强调一些该思想家惯用或新创的术语的定义。这样，方框在某种程度上也起到了术语表的作用，在快速浏览全书时很容易找到它们。

　　丛书收入的思想家是"批判的"，出于三个原因。首先，我们按照涉及批评的主题来考察他们：主要是文学研究或者说英语和文化研究，但也涉及其他依靠对书本、观念、理论和未受质疑的假设进行批判的学科。其次，他们是"批判的"，因为研究他们的作品将为你提供一个"工具箱"，这个"工具箱"将服务于你自己的有理据的批判的阅读和思考，而这一阅读和思考，将使你成为"批判的"。再次，这些思想家之所以是批判的，因为他们至关重要：他们与观念和问题打交道，这些东西能够颠覆我们对世界、对文本、对那些想当然地接受的一切的常规理解，给我们对我们已经知道的东西一种更加深刻的理解，给我们新的观念。

　　没有导读能告诉你一切。然而，通过提供一条进入批判思考的道路，本丛书希望让你开始参与这样一种生产性的、建设性的、可能改变你一生的活动。

为什么是萨义德？

爱德华·萨义德(1935—2003)在他生前就已是世界上最著名、最具争议性的知识分子之一。他是那种罕见的、扮演直言不讳的公共知识分子角色，比任何人都更介入性地把巴勒斯坦的苦难摆到世人面前的学院批评家。他作为一名文化理论家的重要性主要体现在两个方面：一是他对(特别是通过他的著作《东方学》)日益壮大的后殖民研究学派的影响；二是他对文本与批评家的"在世性"或者说物质语境之重要性的坚持。这一坚持使他在一段时间里游离在主流的当代理论之外，但如今，事实已经充分证明，他的坚持是有道理的，而文学著作的政治与文化功能，也已经再次得到了肯定。

为什么阅读爱德华·萨义德呢？因为没有一个文化批评家，像萨义德这样，如此有力地揭示了真实的"脚踏实地"的理论是什么样的——这样的理论是在某个地方，出于某个具体的原因而形成，并有着特定的历史的。爱德华·萨义德的理论尤其如此，因为无论他写的是英语文学，是文本的复杂性及文本是如何形成的，是西方对东方世界行使权力的方式,还是知识分子在社会中的功能,甚或是音乐,他自己身为一名流亡的巴勒斯坦知识分子的位置,都持续地折射在其作品之中。阅读萨义德的第二个原因在于:对于一位杰出的学者和美国公民来说,"巴勒斯坦人"这一认同是极其矛盾的,同时它也展示了何以一切认同都是复杂的和被建构起来的,特别是那些远离故土、离散在世界各地的人的认同。与这个认同问题相关的种种矛盾贯穿了萨义德的著作,但这样的矛盾并不构成阻碍。相反,它恰恰是萨义德著作智识力量的关键:它把萨义德的著作牢牢地放进一个真实的世界——在这个世界中,意识形态会带来物质的后果,而人的生活也不完全符合抽象的理论。

萨义德的"世界"

1917 年,《贝尔福宣言》肯定了英国对"犹太人在巴勒斯坦建立一个民族之家"的支持,并成为对建立现代的以色列国的国际支持的基础。这个宣言,是英国外务大臣亚瑟·詹姆士·贝尔福在写给著名的犹太支持者罗斯柴尔德勋爵的一封信中作出的,目的是吸引犹太人,让他们在第一次世界大战中支持协约国。这个宣言后来成为一个在巴勒斯坦创建犹太国家的运动的基础。尽管贝尔福也表达了这样的意图,即"不得伤害已经存在于巴勒斯坦的非犹太民族的公民和宗教权利",但这个宣言带来的历史后果,却是否认了先前的巴勒斯坦居民拥有自己国家的权利。这个在第一次世界大战中为赢取犹太人对协约国支持的努力,及其对巴勒斯坦人民的影响,引出了各种各样的问题,这些问题也是爱德华·萨义德著作的主题——与认同的斗争,对帝国权力和殖民话语的关注,对思考与写作的物质条件的关心,以及对文学和文化理论的主流模型的不满。

　　爱德华·萨义德生于 1935 年,他是在开罗长大的,在那里他先是在圣乔治学校、美国子弟学校上学,后来又去了以英国精英公立学校传统为模型的维多利亚学院。在开罗的时候,萨义德是一个孤独而勤学的男孩,他的父亲在工作和学习中对规训的需要近乎于偏执,萨义德只好通过阅读小说和每个星期天聆听 BBC 播送的古典音乐会来寻求逃避。萨义德的回忆录《格格不入》(1999)表明,在这一时期,他是个"捣蛋鬼"。1951 年,在他被维多利亚学院开除之后,他的父母认定,他在英国的系统里没有前途了,于是把他送到了美国马萨诸塞州的赫蒙山寄宿学校。

3

　　尽管美国的学校对萨义德来说也不好待,但他是一个聪明的学生,能说数门语言,也会弹钢琴(演奏级别)。从普林斯顿大学毕业后他去了哈佛,在那里完成了他关于约瑟夫·康拉德的博士论文,继而在哥伦比亚大学任教,成为一名比较文学助理教授。尽管在学生时代他一直在考虑要不要当钢琴演奏家(他上过茱莉亚音乐学校),但最终他还是断定,自己太理智了,当不好音乐家,并因而开始了他充满前途的学术生涯(Achcroft 1996)。

　　在 1967 年阿以战争爆发的时候,萨义德正在顺利地创立他作为比较文学教授这个杰出但乏味的事业。根据他自己的说法,那个时刻改变了他的一生。他突然发现自己处在一个对阿拉伯人、阿拉伯观念和阿拉伯民族充满敌意的环境之中。他身边的几乎所有人都支持以色列人,在这些人看来,阿拉伯人就是"活该"。在这样的环境中,他,一个受人尊敬的学者,也变成了一个外人和一个(受抨击的)目标(Ali 1994)。1967 年战争及其在美国的反响使萨义德无法回避自己立场的矛盾;他不能再保持两种认同了,而这一经验也开始反映在他的作品之中。

　　在爱德华·萨义德的生命中,这一转折的意义在于这样一个事实:他第一次开始把自己建构为一个巴勒斯坦人,开始有意识地表达那个他自幼时起就一直在压抑并转移到他的职业生涯里的文化起源的意义。他关于巴勒斯坦的书《在最后的天空之后》捕捉到了这种强烈的格格不入感,他说:

> 认同——我们是谁,我们从哪里来,我们是什么——在流亡中很难保持……我们是"他者",是对立面,是定居的几何中的缺陷,是出离者。沉默和谨慎遮蔽了痛苦,减缓了搜身,抚慰了丧失的刺痛。
>
> (Said 1986:16-17)

认同问题对巴勒斯坦人来说永远是棘手的,因为根据萨义德,巴勒斯坦人永远被以色列国排除在外,结果只能流落在世界各地。对他来说,犹太复国主义的口号"把无人民的土地[巴勒斯坦]交给无土地的人民[犹太人]"对巴勒斯坦的看法"和欧洲帝国主义者一样,认为它是一块矛盾地'填满了'卑劣的,甚至也许可有可无的土著的土地"(Said 1980:81)。这种建构——把一个地方及其居民建构为一块白板——在萨义德看来证明了,英国人和犹太复国主义者推动的对巴勒斯坦的占领,是欧洲殖民主义的漫长历史的又一个实例。差别不过是,这个版本的殖民主义强调了"文明使命"的弥赛亚味道。就像他说的那样:

> 贝尔福在宣言里的陈述想当然地认为殖民强权拥有[比一片领土的居民]更高的、按它觉得合适的方式来处置那片领土的权利。正如贝尔福本人断言的那样,在处理像巴勒斯坦那样的重要领土和像犹太复国主义观念那样的关键观念的时

候尤其如此。在犹太复国主义者看来,他们不过是在取回上帝原本许给犹太人的领土而已。

(Said 1980:16)

巴勒斯坦的殖民化迫使萨义德考察西方的帝国主义话语,并用关于他自己的认同的文本,来编织他的文化分析。

年轻的爱德华·萨义德的政治化,对他的作品产生了深刻的影响,因为他看到,甚至文学理论也不能与它在其中被书写的那个世界的政治现实分离。在那场战争后的十年里,他写出了他著名的三部曲《东方学》(1978)、《巴勒斯坦问题》(1979)和《报道/遮蔽伊斯兰》(1981),这些作品把巴勒斯坦放到了他关注的所有关于文本性与权力的问题的焦点位置上。关于萨义德的作品,一件重要的事情是,我们不能把这种对巴勒斯坦国家的政治关注、这种对萨义德自己的认同以及普遍而言巴勒斯坦人的认同的关注,同他对文本及文本在世界中的位置的理论分析与文学分析分开。我们既不能把他关于巴勒斯坦的著作贬低为某种"业余的"新闻写作,也不能认为他的理论只是这位巴勒斯坦活动家的职业活动而已。但我们也不能把巴勒斯坦问题,同欧洲帝国主义的历史遗迹,以及当代形形色色的社会中形形色色的后殖民抵抗的现实分开。在萨义德对在世性的关注中,这些东西是密切联系在一起的。

这种认同的建构,有助于我们理解爱德华·萨义德在过去四十年里,在文学与文化理论中的地位。个体生活的事实不必然决定其理论方向,而且,对一些理论家来说,他们生活中的事实甚至是有损其理论的丑闻。但对爱德华·萨义德来说并非如此。他自己的生活境况、他的认同的文本,持续地交织在一起,形成他所有著作的定义性的语境。他与自己的格格不入的斗争、他对流亡的赋权潜力的承认、他对文本性与世界之间的关联的持续介入,决定了他的理论的主要方向,也有助于解释他与当代理论的不确定的联系。

认同的矛盾

无论作为批评家、政治评论家、文学与文化理论家还是纽约市民,爱德华·萨义德都展示了在一个越来越流动、越来越全球化的世界中认同的经常矛盾的性质。在他身上,我们发现他是一个处在文化与理论矛盾的一团乱麻中的人,他面临的矛盾包括:他西化的人格与他对故国巴勒斯坦的政治关注之间的矛盾,他的政治声音与他的职业立场之间的矛盾,人们阅读他的不同方式之间的矛盾,人们对他在学界中的定位的矛盾。萨义德的认同与他的文化理论之间的密切关联,以及如此显露出来的种种矛盾,向我们展示了文化认同本身的建构性与复杂性。萨义德既是一个阿拉伯人,又是一个巴勒斯坦人,事实上他是一名巴勒斯坦基督徒,这个身份本身就算在越来越伊斯兰化的中东不成其为矛盾,在一个身为当代西方对伊斯兰的妖魔化的最著名的批评者的知识分子身上也肯定是一个矛盾。爱德华·萨义德的认同的矛盾,是他自己的"在世性"的最具战略性的特征,这一特征为我们提供了理解其文化理论的旨趣与信念的钥匙。这种认同本身就是一个萨义德自己一直在持续阐述、重写的文本,在与他写作的所有其他的文本交汇的同时,也为后者所表达。

萨义德一直把自己定位为一个格格不入的、被迫从故国"流亡"出来的人。但与发明某种本质的巴勒斯坦文化实在相反,他坚持,所有文化都在持续变化,文化与认同本身都是过程。的确,他让自己在纽约生活这个选择并没有削弱,反而增强了他自己的文化认同。巴勒斯坦第一，美国第二。他承认他不能在别的地方，只能在纽约生活。这说明了纽约的国际特征，也说明了爱德华·萨义德的天性、他对定位的执着、他对文化多样性与异质性的着迷，以及他对知识分子要超脱政治结构的倡导。

因为萨义德把自己定位在一个他所谓的间质性的空间，一个在巴勒斯坦的殖民的过去和美国的帝国的当下之间的空间，所以，他也发现自己同时被赋予了为巴勒斯坦发声、成为边缘人和无依无靠的人的声音、向美国人民呈现巴勒斯坦的权力和义务。也许，在巴勒斯坦国家的形成上，爱德华·萨义德的影响力，比其他任何一位知识分子都要大。但远不止如此，在对世界呈现巴勒斯坦和巴勒斯坦问题上，他的影响力是其他任何一位公共知识分子所不能比拟的。不过，这一大批关于巴勒斯坦的主题写作，已沦为他最著名的、饱受赞誉的《东方学》（1978）和《文化与帝国主义》（1993）的背景。

讽刺的是，因为萨义德处在这个居间的空间，所以，他也经常因为过于西化，而遭到阿拉伯世界和其他地方的一些批评家的谴责（Little 1979；Sivan 1985；Wahba 1989；Said 1994a：x）。不过，另外，他在西方对伊斯兰的辩护，又经常遭到阿拉伯世界自由主义知识分子的批评，后者批评萨义德那里有深刻的伊斯兰的保守主义和原教旨主义（参见 Abaza and Stauth 1990）。无论是出于偶然还是精心的设计，萨义德发现自己同时被各种各样的反对党派阵营所排挤。尽管他在美国积极地支持巴勒斯坦，但他还是避免在巴勒斯坦的政治中站到某个具体的党派那边，而讽刺的是，他的著作在巴勒斯坦遭到了封禁。

萨义德的关键思想

对萨义德来说，重复的战略，是文本的在世性的一个核心特征:重复对文本的诠释强加了特定的限制,它把文本历史化为某种源于世界、坚持自己的存在的东西。萨义德的作品也在持续地演练他自己特有的学院与文化位置的特征,或者说,他自己的生活的"文本"——流亡、政治化、同时过着两种生活、反复出现的认同问题,以及对巴勒斯坦的充满激情的辩护。尽管本书接下来的部分将把萨义德的著作分为一系列的"关键思想",但这些驱动萨义德的问题,会在他的作品的多个方面反复出现,类似地,也会在本书的多个章节中反复出现。

接下来,"关键思想"部分将从两个关于在世性的章节开始,进一步讨论这个导论已经触及的那些问题:首先,是关于文本的;其次,是关于批评家的。也许,爱德华·萨义德的文化分析的最重要的方面在于,尽管后结构主义主导了整个西方知识界,但他还是坚持对文本物质地处于世界的方式持一种坚定的、不时髦的看法。对萨义德来说,后结构主义实际上拒绝了世界,不允许写作和阅读文本的人的物质的在世性有任何意义,并在其理论中切除了政治行动的可能性。他自己的认同及这种认同的建构本身作为一种文本的重要性向他展示了,必须把文本当作某种维持着一个巨大的与世界的联系网的东西来思考。而且,他还拒绝整个对知识分子的工作进行专业化分工的机制,及这种机制带来的与文化教条结盟,做教条的假设和说专业化的、职业化的语言的趋势。对萨义德来说,这样的学术界不过是在自说自话,毫不顾及日常生活的世界和普通人的需求。他提倡他所谓的"世俗的"批评,这种批评在每一点上都对许多学院话语的封闭的专业化提出了异议。比如说,文学文本不仅处在那些被称作"英语文学"的书的正典行列之中,它也与世界其他许多方面——政治的、社会的、文化的——有所关联,而世界的这些方方面面合起来,就构成了文本的在世性。正如我们在下面的章节里即将看到的那样，这种对写作的在物质层面上的关注的坚持，也引出了对萨义德著作的最严厉的批评，因为它看起来暗示着，在对世界的再现背后，存在一个真实的世界。这也使许多批评家就再现与物质的实在问题展开了激烈的辩论，这些辩论贯穿了整个后殖民研究，因为后者质问的正是：你怎么能在再现过程外理解被殖民人民的物质经验？然而，对萨义德来说，那个实在就是文本性本身的特征，就是文本的在世性的特征，问题与其说是主导的再现隐藏了实在，不如说在于不同的、相互对抗的再现之间的斗争。

　　接着，我们将讨论"东方学"，萨义德很可能最为世人所知的那个概念和那本书。萨义德在关于自己的认同的文本中提出的"在世性"（这个概念），在他对那些东方学文本的分析中，也是至关重要的。那些文本建构了东方并因此而建构出欧洲对东方的支配。简而言之，东方学展示了，权力是如何在知识中运作的：西方"认识"东方的过程，一直是它对东方行使权力的一种方式。东方学的文本有它们自己的在世性，有它们自己的关系，它们起到了建构东方的作用。这个建构出来的东方，在某种意义上变得比一切东方的实在"更真实"，变得比一切对"东方人"自己可能有的那种经验的经验或表达更真实（参见《东方学的在世性》，载于 Said 1978a：226-54）。这本关于东方学的书的最重要的发现（三部曲的其他两本书，《巴勒斯坦问题》和《报道/遮蔽伊斯兰》也重复了这一发现）是：这个过程以各种各样的形式持续到了当下。关于中东的新闻报道、专家知识、政治评论都是延续西方特别是美国的权力的方式。

　　第4章将讨论《文化与帝国主义》，这部作品是帝国主义文本的在世性这个观念的延续。关于西方的文化生产，至关重要的是在这些文化产品中呈现帝国主义的政治现实的微妙方式。比如说,帝国与帝国支配的问题,就一直持续、微妙、几乎是无所不在地折射在英国小说中。这些文本的在世性的意义在于,在写作这些文本的时候,虽然作者可能没有意识到,帝国是如何再现于自己的作品之中的,但他们却展示了,没有帝国的文化,就没有帝国。《文化与帝国主义》也重述了萨义德最喜欢的那个主题:对于帝国主义的支配,后殖民世界应该作何反应? 在这本书中,萨义德把注意力集中在西方的经典之上,这使得许多批评家错误地相信,萨义德没有一个关于抵抗的理论。但萨义德的立场更加微妙。他承认"责备的修辞"从根本上说是无效的,于是他提倡一种他称为"逆向的远行"(the voyage in)的过程,在这个过程中,后殖民作家抓住文学写作的主流模式,利用它们把自己的文化暴露在世界读者面前。

　　第5章将回到巴勒斯坦问题。这看起来是一个独特的旨趣,以一组自洽的,与萨义德的文化理论脱离的评论和分析为代表,但事实上,这个问题持续地折射在萨义德的所有作品之中。在像《报道/遮蔽伊斯兰》(1981;1997 再版)那样的作品中,萨义德的写作全面地展示了在何种程度上,当代西方世界中对伊斯兰的再现复制了 19 世纪东方学家建构东方的那些方式。对萨义德来说,当代西方再现伊斯兰、阿拉伯世界和巴勒斯坦的方式,深刻地表明一种主导文化以一种独特的方式在"认识"的伪装下建构世界的权力(Said 1978a:3)。如今,学院的东方学家可能更加机智和自我批判了,但这样的建构依然以各种各样的形式发生——在媒体上、在"专家"的建议里、在学术研究中和在知识分子的评论里——并且它依然建立在各种未经审查的假设的根深蒂固的基础之上。这样的假设之所以依然没有得到审查,是因为它们进入了语言本身,比如说,"伊斯兰"这个词本身就在灌输这样的观念,即伊斯兰是一个一元的、铁板一块的宗教与文化系统,这离说"穆斯林和阿拉伯人的文化、宗教等黑暗而古怪"(Said 1994c：373)只有一步之遥。但正如萨义德反复强调的那样,伊斯兰是以多样性和各种相互对立的立场为特征的,而谈论一元的、铁板一块的伊斯兰是荒谬的(Said 1978a,1995a)。巴勒斯坦迫使萨义德重新思考他的文学理论、其当务之急,其物质与政治的现实。它(巴勒斯坦)建构萨义德的认同,或者说成为他对自己的认同的建构的焦点的能力意味着,在萨义德的整个理论中,巴勒斯坦一直在场,它是一个提示,提醒我们注意:文本总是处在世界之中的。

从巴勒斯坦问题我们引出了萨义德理论中最重要的主题之一——知识分子的角色。从一位已经在哥伦比亚大学这个精英学院环境中立住脚跟的职业文学理论家的立场来说,萨义德已经被要求接受发言人的角色了,人们要求他出来谈论各种政治问题,而对这些问题来说,他并不具备专业的资格。这就肯定了他对业余主义的价值的信念,但不仅如此,这还给了他这样的视野:流亡是重要的,它使知识分子得以脱离党派政治,而"对权力说真话"(Said 1994a)。"不属于"感也肯定了他本人持有的那种认为公共知识分子要从边缘的位置说话,要让自己远离正统的意见,要说那些被锁在党派或专业话语中的人否定的话的感觉。

接下来,在第 6 章中,我们将思考萨义德晚期作品的旨趣与风格。萨义德在晚年生产的那些作品、在他身后出版的那两部作品,看起来也肯定了作家和音乐家身上那种让他如此着迷的"晚期风格"。和贝多芬,及许多他考察的作家与艺术家一样,他最后的作品也不是以某种对辉煌事业的"平静的总结",而是以一种活力的迸发为特征的,这股力量驱使着他同时向多个方向迸发,考察过去以寻找通往未来的道路。最能总结这种风格的表述是"逆流而上",而在《人文主义与民主批评》中,萨义德可以说也是逆流而上

10

地剖析了他对人文主义的充满激情的、几乎是孤注一掷的拥护。他的事业——无论是代表巴勒斯坦说话,批判当代的文学理论,还是权威地暴露无处不在的东方学话语——的一个特征,就是一种顽抗的、不受控制的逆流而上。在他自己的晚期风格中,当他凭一己之力,力图把在当时看起来是一种过时的思想高举到如此地位——在萨义德看来,对人文学科来说,人文主义不啻于先知的预言(prophecy)——的时候,他依然秉持着这种逆流而上的精神。

　　本书的最后一章,将分析他在批评理论领域的影响,特别是他的作品在后殖民文学与理论研究中的基础地位。如果说,在这个导论章节中,我们指出了为什么我们应该阅读萨义德,那么,在本书的最后一个部分"进一步的阅读"中,我们也为那些想知道就阅读萨义德及其批评者的作品这个至关重要的任务而言该从哪里开始的人提供了一个指南。

关键思想

在世性:文本

也许,读者最熟悉的爱德华·萨义德,是《东方学》(1978)的作者,以及不断发展的后殖民文学与文化研究的一位领军人物。但只有在把握了他关于知识分子在当代社会中扮演的角色和批评本身的功能的看法之后,我们才能充分理解他的作品的这个更为人们所知的方面。尽管《东方学》这本书比其他任何一部作品更有力地确立了萨义德的声望,但能够提供最有利于我们阅读他的作品的视角和理解他对当代文化理论的意义的关键的,却是《世界,文本与批评家》(Said 1983)这个理论论文集。

大体上说,这个文集收录的论文都是在《东方学》出版前写的,它们揭示了支撑萨义德所有作品的方法论与关怀是如何出现的。《世界,文本与批评家》为那些从萨义德1976年出版《开端》起,便在其作品中确立的关怀提供了最系统、最容易进入的入口。而《开端》这本书,就像蒂莫西·布雷南所承认的那样,"记录了在萨义德事业较好的那段时期他所关注的那一系列广泛但也是有限的母题"(Brenan 1992:75)。萨义德著作的一贯性是显著的。但这种一贯性和他广泛的兴趣却为两件事情所遮蔽了:第一,在过去二十年里,就文本分析而论,后结构主义一直是主流,而萨义德与这场理论运动的关系,则经常是质问和不同意;第二,在他作为文化批评家的声誉中,《东方学》占去了大到不同寻常的主要部分。因此,在《世界,文本与批评家》中,我们才找到了对那些广泛兴趣的系统阐述,也正是这些广泛的兴趣,支撑并影响着其作品更为人知的那些方面。

爱德华·萨义德经常被认为是殖民话语理论的创始人,这种理论分析形式,在被霍米·K.巴巴和佳亚特里·查克拉瓦蒂·斯皮瓦克接手后,有时也被错误地认为与"后殖民理论"同义(参见《后殖民主义》,载于 Ashcroft et al. 2007)。但如果我们仔细看《世界,文本与批评家》的话,一个更加唯物主义、更加处在世界中的(worldly)萨义德就浮现出来了,这个萨义德会让我们想到意大利哲学家詹巴蒂斯塔·维科(1668—1744)的忠告:"人类的历史是由人类构成的"(引自 Said 1995a:331)。萨义德对米歇尔·福柯的话语概念的使用(在接下来的章节中我们还会谈到这点)已经众所周知,并且因为对福柯理论的片面使用而同时遭到了仿效和批评。但如果不知道他关于文本的在世性,关于批评及知识分子的功能的看法,我们就不能正确理解萨义德的分析了。萨义德按自己的需要从福柯那里借鉴了许多,但文本被生产的世界中权力的巨大失衡,又使得文本的在世性变得至关重要了。

话语,殖民话语理论和后殖民理论

话语是一个由陈述组成的系统,人们可以在其中、通过它来认识世界。福柯的话语概念指的不是传统意义上的"言语",

而是一个界限严明的社会知识域。对他来说,世界并非是在"那里"可供谈论的,相反,世界是在话语中形成的。也正是在这样的话语中,说者与听者、作者与读者才形成一种关于他们自己、他们彼此的关系,以及他们在世界中的位置的理解(主体性的建构)。也正是这个符号与实践的复合体,组织了社会的存在与社会的再生产,后者又决定了经验和认同是如何被分类的。

殖民话语理论是分析殖民主义与殖民化话语的理论;它展示了这样的话语是如何遮蔽殖民化隐含的政治与物质目标的;它还指出那种话语,以及那种话语建构殖民的主体和被殖民的主体的方式的深层矛盾。

后殖民理论研究和发展了那些关于欧洲征服对被殖民社会的文化与政治影响,以及被殖民社会之回应的性质的命题。这个术语中的"后",指的是"在殖民主义开始之后",而不是"在殖民主义结束之后",因为帝国与被支配社会之间的文化斗争一直持续到了当下。后殖民理论关注一系列的文化介入:帝国的语言对被殖民社会的影响;欧洲的"主人-话语"(如历史与哲学等)的效果;殖民教育的性质和后果以及西方的知识和殖民的权力之间的关联。具体而言,它关注的是被殖民者的反应:通过挪用主导的语言、话语和叙事形式来进行的,为控制自我-再现(self-representation)的斗争;为地方、历史、种族和族群性的再现而展开的斗争;以及为向全球受众呈现地方现实而做的斗争。尽管有着严重的文论导向(因为促成后殖民理论的,是被殖民人民用殖民语言特别是英语写作的文学的繁荣),但是,随着与历史学、政治学和社会学等学科的相关性的上升,它也在这些学科的分析中得到广泛使用。

15

　　萨义德著作中凸显的,同时也是使他的批评认同区别于殖民话语理论家的那些问题包括:他的世俗批评概念(萨义德所说的世俗批评,指的是一种免于知识分子专业限制的批评);他对他所谓的知识分子生活中的业余主义的提倡;知识分子实际或隐喻的离"家"流亡的需要;以及他充满激情的,关于知识分子的作品需要恢复与社会(知识分子的文本或著作就是在这个社会中发生的)的政治现实的关联的看法。这种与政治现实的关联,使知识分子能够"对权力说真话",使萨义德能够披露"东方"是怎样作为一种话语建构出现的,以及何以当代"伊斯兰"依然是作为西方的一种外异的建构演化出来的。使他能够披露西方持续建构其他者的方式的,也正是批评与世界的这一关系。

　　对萨义德来说,当代批评的问题,在于其极端的功能主义,它太过于注意文本的形式作用,而太过于忽视其物质性了。结果是,文本变成了"某种自我消费的艺术品;它不再是它所是的那种有自己的原因、有自己的坚持、有自己的持久性和自己的社会存在的,特别的文化物了。相反,它被理想化、本质化了"(Said 1983:148)。文本的物质性指很多东西,比如说,文本作为一个纪念物,作为一个在时间中被追寻、争夺、占有、拒绝或实现的文化物的存在方式。文本的物质性也包括它所具有的、程度不一的权威。

　　这个关于在世性,关于作家本人在世界中的位置的问题,触及了我们在思考爱德华·萨义德作品时面临的另一个主要矛盾的核心,即我们怎样阅读文本?萨义德的结论是,因为一切文本都是从许多可用的话语中建构出来的,所以,我们可以把作者所处的那些话语本身视为"过程中"的主体,当他们落笔于纸上的时候,他们可能并不会想到这些主体。在世性始于在有政治导向的理论中提出一个最可能引起争论的问题:在文本中,谁对我们说话?我们也必须对爱德华·

16

萨义德的作品提出这个问题。我们可以承认文本中的"作者"是一种文本的建构,同时又不因而认为在文本中无人对我们说话,这可能是许多当代理论中都有的倾向。说到底,在世性关乎文本起源的物质性,因为文本这个物质的存在,是内嵌于它所言说的问题的物质性本身的,这些问题包括:剥夺、不义、边缘化、服从。

文本的在世性

为理解萨义德的在世性理论的意义,我们需要回到 1950—1960 年代当代理论中的结构主义革命。在这个时代之前,批评家们或多或少都认为,书只是从作者到读者的表达而已。法国结构主义理论家罗兰·巴特,在语言学领域的发展的基础上,用"文本"这个概念来解释文学作品实际上是如何形成的。"文本"这个术语与"纹理"或"织物"相关。根据巴特,成文的文本——从一个简单的句子,到更加复杂的文本——都是由一根横向的线(句子中对词的线性安排,他称之为"横向组合"轴)和一根纵向的线(在那个安排中可用的词的范围,他称之为"纵向聚合"轴)编织而成的。比如说,在"猫坐在垫子上"这个语段中,每个词都可以为纵向聚合中的其他词所替代,从而生产出"狗跑在草上"这样结构类似,但意义不同的句子。

尽管看起来简单,但结构主义对文学分析的影响是怎么强调都不为过的。当这个原则被应用于更加复杂的文本的时候,结构主义分析就能够在文本中发现作者可能根本没有想到的元素的组合,的确,这些组合也不需要作者。于是,与单纯的来自作家的表达相反,在结构主义中,文本被视为从其社会与文化的"纵向聚合"中可用的各种各样的元素中建构出来的结构。意义也可以被看作选择和组合关系互动的结果,而使这种互动成为可能的,不是作者,而是文本潜在的结构。比如说,"布鲁图这个角色"是结构中确立的关系的结果,而不是对某种外在于文本、在世界里的东西的再现。这对人们对作者身份的理解产生了根本性的影响。与一个把意义写入文本的创造性的天才、一个可以说是文本意义的最终仲裁者的主体相反,巴特认为,作者本身不过是语言的一种功能。尽管纯粹的结构主义分析只流行了相对短暂的一段时间,但它提出的文本概念,却持续影响了所有形式的当代理论。

后结构主义与结构主义的区别在于,在接受文本的建构性的同时,后结构主义又否认结构能够得出某种最终的意义。罗兰·巴特本人后来也改变了他之前的结构主义立场,而雅克·德里达则在 1969 年一次著名的谈话《人文学科中的结构、符号与游戏》(Macksey and Donato 1970) 中声称,结构的问题,在于它有一个组织性的原则,或者说中心,而后结构主义拒绝的正是这个组织性原则的固定性。对后结构主义来说,中心,即那个用来决定意义的明确的组织性原则是不存在的,因为我们永远不可能得出某种最终的意义。

18　　　为理解后结构主义与结构主义之间的差异,我们必须回到语言学理论的基础。巴特的结构主义,是建立在费尔迪南·索绪尔的结构主义语言学的基础之上的。1916 年,索绪尔的学生们整理出版了他的讲义,《普通语言学教程》。索绪尔提出这样一种激进的看法,即词并不代表世界上的物,而是和所有符号一样,通过与其他符号区分,才获得自己的意义。比如说,一个像"蝙蝠"那样的词,可以代表许多东西,但我们是通过在句子中区分它与其他符号,才理解到它的意义的。符号由两个元素构成,音响印象,即能指,以及概念或心理印象,即所指。对索绪尔来说,这个关系是任意的。换言之,在特定的能指,比如英语中的某个词,与它所意指的概念之间，不存在什么自然的或不可避免的关联。不过，索绪尔认为，这个关系虽然任意，但却是稳定的。能指和所指总是关联在符号之中。这就是语言结构的本质。

正是在这里，后结构主义与结构主义分道扬镳了，因为，与结构主义相反，后结构主义认为，事实上，一切所指都可以被看作一个能指。于是，意义就被延宕在一个几乎无穷无尽的能指链条里了。我们可以拿字典对某个词的定义来打比方，在解释一个词的时候，它必然要用到其他的词，而这些词本身也是需要解释的。文本是可以被"解构"的，这表明，文本绝非单纯的结构，它一直与它隐含的假设冲突。从根本上说，尽管就拒绝文本的组织性原则或中心而言与结构主义不同，但是，后结构主义也认为，世界与文本之间不存在差异，"世界"本身就是文本建构起来的。

我们很可能得把后结构主义在英语世界的流行追溯到 1960 年代晚期，而爱德华·萨义德本人也是最早对美国公众诠释这个新理论的学者之一。但对任何对写作的政治影响感兴趣的人来说，这样一个理论本身就表现出了种种问题。要看到文本性及无限延宕的意义这个概念是多么不能令人满意，我们只要去看看萨义德自己著作的复杂的在世性就够了。在萨义德反复重申福柯的问题"作者的文本从哪里开始又在哪里结束呢；尼采写的一张明信片或一张清单算不算是他的作品呢？"（Said 1983：130）的时候，我们可以看到，对于像"文本"那样的概念，他是不满意的。当萨义德承认，我们应该抵抗"文本仅限于书"这种假设的时候，他还进一步　19　指出，如果把文学当作一个惰性的结构来对待，那么，你就忽视了这样一个重要的事实：文学是一个处在世界中的行动。比如说，如果只把文本当作一个横向组合和纵向聚合的结构来对待的话，那么，你也就使作为一个文化产物、一个文化行动的文本脱离了权力关系。而文本本就是在权力关系中生产出来的。这样的倾向会让那种强烈的欲望、"那种无休止的、多样的、极其不自然的和抽象的"写作的欲望钝化,"因为'写作'是一种永远不可能被写完一个文本竭尽的功能"(Said 1983:131)。

萨义德在赫蒙山寄宿学校上学时发生的一则意味深刻的轶事也清楚地展示了,结构紧密的文本研究进路,与文本的"在世性"之间的差异。在拿到"论点燃一根火柴"这个论文题目的时候,好学的萨义德充分地查阅了百科全书、工业史和化学手册,徒劳地试图从中找出权威的、"正确"的答案。老师问他:"可(研究这个问题的)最有趣的方式,难道不是去考察在一个人点燃一根火柴的时候发生了什么吗?"萨义德惊呼,他之前一直被压抑的批评和想象的能力第一次被唤醒了(Said 1999:230)。对这个点火工具的科学描述,与对围绕擦着一根火柴产生的经验的理解之间的差异,很像"理论的"或者从理论入手的教条的文本观,与对作为一个写作行动的文本的感知之间的差异。

当我们把这个写作行动放进世界的时候,我们的文本概念就不仅超越了它在书本中的客观位置,也超越了"笔迹"的物质在场。写作是复杂且普遍而言有序的翻译,它把许多不同的力翻译为可判读的笔迹,这些力集中于写作而不是言说、舞蹈、雕塑的欲望(Said 1999:129)。未能把这纳入文学批评的考虑中去,不仅是结构主义的文本分析的一个问题。从某些方面来说,大多数职业文学批评,都一直是在把文本化约为一个对象,与此同时,也就隐藏了文本、批评家与权力的真实联系。支撑萨义德对东方主义话语的批判的,正是对学界的文本实践与这样的权力关系的关联的暴露。

显然,在没有文学写作传统的社会中,写作的欲望可能变成高度负荷、高度中介性质的政治行动,有时直接出自一种非常有意识的张力。为什么是这种写作形式而不是另一种写作形式呢？为什么是在这个时刻写而不是在那个时刻写呢？为什么要进行文学写作呢？但不管怎么说，都会有由写作者自己做出的（或别人为他/她做出的）理性的选择构成的序列、星丛、复合体——印刷文本就是它们的证据（Said 1983：129）。写作不是某种对一种已经在那里的经验的次级再现，相反，它可以是为某种在写作本身中形成的东西而生产出来的。萨义德的在世性的真正力量在于，他把索绪尔关于符号的意义在于它与其他符号的不同的看法，以及结构主义对文本与世界之间的单纯关系的拒斥都考虑了进去。但尽管如此，他还是在根本上坚持作为文本和批评之源头的世界的重要性，哪怕我们能够进入的，只是在写作本身中形成的那个世界。

萨义德思考文本的在世性的起点之一，是变幻莫测的加拿大钢琴家格伦·古尔德发行的一张专辑，其中包含一个访谈，在访谈中，古尔德解释了他放弃现场演出的种种原因。古尔德的策略看起来几乎是对世界与文本对象的关系的复杂性的戏仿。

> 这是这样一位钢琴家，他曾经是为音乐效劳的苦行演奏者的代表，如今却变成了一位不知羞耻的"大师"（virtuoso），他主要的美学立场，可能不比音乐上的浪荡子[1]好多少。而这一切，却又是出自这样一个人：他把他的录音当作"一手的演奏"拿到市场上去卖，还给它加上了，不是更多的音乐，而是在个人访谈中获得的那种引人注意的直接性。
>
> （Said 1983：32）

---

[1] musical whore：指什么都听，没有专一喜好，因此也没有什么音乐品味的人，即在音乐上很随便、无坚持、不挑剔的人。——译者注

古尔德的录音,也是一种特定的文本,它指出了文本能够肯定它们与世界的关联的种种方式,并且抵抗了后结构主义者们会说的那种意指的无止境的延宕。

把音乐的文本和写作的文本关联到一起的东西很多,但主要的是,它们共享两样东西。一方面,是一种可重复的物质实存;另一方面,则是对生产者的风格的展示(Said 1983:33)。也就是说,它有一个物质的在场,有一个文化的和社会的历史,有一个政治的,甚至是经济的存在,还有一系列与其他文本的隐含的关联。任何认为(一方面)被情景与参照限定的言说,与(另一方面)作为对言说的在世性的截取或悬置的文本之间截然对立的论断,都是误导性的。因此,萨义德责备了法国现象学家保罗·利科(1913—2005),在论文《什么是文本:解释与诠释》中,利科声称:

21

> 语言……以及普遍而言的语言的所有明示的标志,都是用来在话语实例周围的环境现实中锚定话语的。因此,在活的言语中,一个人说的话的**理想**意义,是偏向一个**真实的**所指,即偏向那个人所"谈论的那个"的……
>
> 在文本取代言说的时候,情况就不一样了……就其被延迟、搁置而言,文本在某种意义上说是"悬着的",是外在于世界或无世界的。
>
> (引自 Said 1983:34)

利科在没有充分论证的情况下就认定,环境现实是言说独有的属性。但文本有各种存在方式,而甚至形式最为精妙纯净的文本,也总是深陷在环境、时间、地点和社会中——这是一个简单的事实:"简言之,文本是在世界中的,因而也就是在世的"(Said 1983:

35)。类似地,批评家也不单单是把文本翻译为环境现实的译者。批评中对文本性的再生产本身就注定是在环境中、在"在世性"中发生的。的确,对后殖民作家和批评家来说,这个在世性是一个至关重要的因素,因为它致辞的方式和目标、它的反对性、它的再现的揭示力量、它的阈限性,都是它在世界中的存在的基本特征。

和德里达一样,萨义德也驳斥了那种认为言语先于写作,那种认为写作的文本仅仅是反映或复制了理想的言说的文本的看法。但是,在批判利科把言说与写作分开的观念的同时,萨义德也拒斥了德里达关于意指的延宕、诠释的无止境的命题。相反,对萨义德来说,文本通过它们和言说一样的情景性,宣告了它们的物质性、它们的在世性。文本并没有与世界,或者说与言说分离,相反,文本宣告了它们和言语表达的关联。在这里,重要的是要记住这点:萨义德所说的"文本",一般指的是写作的文本。在萨义德那里,文本性的意义,并不像在(比如说)罗兰·巴特那里那么宽泛。但这个原则也是适用于各种各样的文本的:文本性的结构特征,是极其有用的分析工具,但它们也有这样的风险,即有可能把文本的社会和政治意义认定为文本带来的效果,认为文本的社会和政治意义是那些铭写文本性的文本策略引出的发明。显然,文本的在世性的政治必然性,特别是对后殖民文本来说,是至关重要的,这不仅是因为文本有再现世界的能力,也因为文本的目标本就是实际地处在世界之中、介入世界。但这个在世性之所以是所有文本的特征,乃是因为,它是文本在世界中存在这一存在方式带来的后果。

萨义德面临的主要挑战,是在两种对文本的态度之间周旋,这两种态度以不同的方式错误地呈现了何以文本有一个在世界中的存在。一方面,在经典的现实主义立场看来,文本只是指向"[文本外]就在那里"的世界。这种看法未能考虑到语言通过塑造人们谈论世界的方式而作为中介影响和决定人们在世界中"看到"什么的种种方式。另一方面,受结构主义启发的立场则认为,世界根本没有绝对的实存,它是完全为文本所建构的。这种看法不允许任何对世界的非-文本的体验,也不允许存在任何外在于文本的世界。萨义德是以这样的方式与这两个极端斡旋的:文本(这个文本指的可以是言说、图像和其他所有形式的文本)就协调我们对世界的经验而言是重要的,但文本的在世性和环境性,"文本作为一个有感官特性和历史偶然性的事件的地位,是包含在文本本身之中,是文本传达和生产意义的能力的不可侵犯的一部分"(Said 1983: 39)。这意味着,文本就我们"拥有"世界的方式而言是至关重要的,但这个世界并不存在,而在世性也是在文本内部建构起来的。文本有特定的情景,这个情景限定了诠释者,"不是因为情景是作为一个谜隐藏在文本中的,而是因为,情景与文本存在于同一个表面的层面上,特别是作为文本的对象本身"(Said 1983: 39)。文本并非存在于世界之外,就像现实主义和结构主义的立场都在暗示的那样。相反,文本是它所言说的世界的一部分,而这种在世性本身也是作为文本信息的一部分,存在于文本之中的。

　　德里达关于意指之"延宕"、诠释之无限的看法意味着,至少在理论中,意义是永远趋向于无意义的,因为它不可能令人满意地处在世界中。但萨义德则声称,也有一些方式,可以通过使"世界的身体接近文本的身体,迫使读者把二者都纳入考虑"(Said 1983: 39)。文本是在世界中的,它们与世界有着形形色色的联系,而且它们作为文本的功能之一即招徕世界的注意,它们以多种方式吸引世界的注意。许多文本也包含了它们的具体地被想象出来的情景的明确环境。

23　　比如说,萨义德认为,在像杰拉尔德·曼利·霍普金斯

（1844—1889）、约瑟夫·康拉德（1857—1924）和奥斯卡·王尔德（1854—1900）那样的作家那里，"设计好的言语与接受、言语性与文本性之间的互动，就是文本的处境，就是它把自己放进世界的行动"（Said 1983：40）。注意，这不同于那种认为写作仅仅是再生产了言语，或仅仅是言语的对立面的假设。对奥斯卡·王尔德来说，他所擅长的诙谐短诗，看起来突破了其纯粹的文本限制，实际上包含了一种诠释。这种形式的文本是"王尔德的再现的根本：一种能够包括最大范围的主题、有着最大限度的权威，且就其作者而言最最不含糊的紧凑的言辞"（Said 1983：42）。类似地，约瑟夫·康拉德的特别的再现模式，也戏剧化了、作为动机驱动了它的讲述的场合，并成为其背景。康拉德的文本都把自己呈现为未完成的、还在形成中的，这个现象不仅增加了文本的紧迫性，强化了作者与读者之间的关联，也使固定的文本结构的整个概念变得相当成问题了（Said 1983：44）。通过这些方式，这些作家的文本在不加反思、不假设"作者是某种意义的'中心'"的情况下，宣告了它们的在世性。

文本的在世性的本质的政治性质，同时发生在文本的主体和文本的行程之中。传统上，我们可能会倾向于这样看作者和读者，认为他们是在平等地沟通。但正如德国哲学家弗里德里希·尼采（1844—1900）看到的那样，文本从根本上说是权力造成的事实，而不是民主交流的结果。与平等者之间的交流相反，话语的情景更像是殖民者与被殖民者，压迫者与被压迫者之间的关系。词与文本是如此地处于世界之中，以至于它们的效力，在某些场合下甚至对它们的使用，都成了所有权、权威、权力的问题和对强力的施行。东方学，作为一个学科，正是从这种不平等的话语关系的情景中出现的（Said 1983：47）。

也正是这种关系，迫使詹姆斯·乔伊斯的《一个青年艺术家的肖像》中的斯蒂芬·迪达勒斯解释他对他用来与英国教务长交流的那门语言的疏离：

> 我们在说话时使用的语言在是我的之前，首先是他的。**家、基督、啤酒**这样的词，在他嘴里和在我嘴里是多么地不同啊！我不能平静地说出或写下这些词。他的语言，如此熟悉又如此陌生，对我来说它永远是一种习得的言语。我没有造就也没有接受它的词。我的声音在抵挡它们。我的灵魂在他的语言的阴影下烦恼。
>
> （引自 Said 1983：48）

这，已经变成人们非常熟悉的、后殖民社会中对殖民语言的支配的反应了。这段言语是对 19 世纪期间欧洲权力上升引进的那种权力关系的反应的原型，是对[殖民列强的]支配建立的那种政治的、种族的排除的重述。这种权力关系，比其他任何一种权力关系更有力地描述了文本与世界之间、写作与那种权力关系带来的物质效果之间的关系。文本与读者的关系，就像殖民者与被殖民者的关系。这种权力关系可能是不平等的，但它也是一种关系，一种使那种认为文本与世界分离，或认为文本与言语对立的原则站不住脚的关系。太多的例外，太多的历史的、意识形态的、形式的环境，纠缠着现实中的文本，哪怕我们认为文本是一个沉默的、印刷出来的、有自己没被人听到的旋律的物，它也逃不过这些纠葛。文本是被世界生产出来的，它是那个生产它的世界中的权力的物质力量的演奏会，而文本明确言说的，正是这种情境性。

阅读文本的在世性：原属(Filiation)与认属(Affiliation)

作为文本的在世性的特征，说明了批判解读的不同可能性的关键的二元对立之一,是"原属"与"认属"的二元对立。萨义德指出,在传统社会中起到粘合作用的"原属"(遗产或出身)模式,在当代文明的复杂性中变得越来越难以维持,并且为"认属"的模式所取代。原属指的是自然的血统,而认属指的则是一个通过文化来实现的,认同的过程。萨义德把认属当作一个普遍的批判原则来提倡,因为它把批评家从文本的狭隘看法——只看文本与其他文本的原属关系,而很少注意到生成文本的"世界"——中解放了出来。比如说,他一开始对这两个术语的使用指出,人们倾向于从原属的角度进入英语文学正典,这样,文学实际上是自我延续的,而文学作品则通过它们与它们之前的文学的联系来生产它们最重要的意义。对萨义德来说,一种认属的解读,允许批评家把文学作品看作世界中的一个现象,把它置入一张非文学、非正典和非传统的认属网络。在这个意义上说,认属是正面的,它被视为一种新的批评的基础。在这种批评中,对文本中认属过程的认识,可以把批评从它在欧洲正典中的狭隘基础中解放出来。

25

 "认属的"批评活动的后果是,大部分政治和社会世界变得可为批评家所审视了,特别是其非文学的、非欧洲的,以及最重要的政治的维度——你可以在这个维度中找到所有的文学、所有的文本。认属是文本的在世性的一个特征。原属暗示着一个乌托邦的领域,在这里,文本序列地、同质地和无缝地与其他文本关联(就像在被称作"英语文学"的文本的范畴中那样);而认属则是使一个文本能够把自己当作一个文本来维持的东西,包括"作家的地位、历史的时刻、出版的条件、传播和接受、被援引的价值、被假定的价值与观念、人们心照不宣地一致认可的假设的框架、被预设的背景,等等"(Said 1983:174-5)。文本的认属把我们持续地引向它的在世性,因为我们被引向这样的问题:"文本于何处发生?""它是如何发生的?"(Ashcroft 1996:6)。认属不可阻挡地把我们引向文本生产的位置和位置性(locatedness)。

认属把批评的目光送出欧洲的和正典的文学的狭隘限制,送进这个文化的织物。"因此,重新创造认属的网络,也就是使把文本栓在社会、作者和文化上的绳索变得可见,恢复这些绳索的物质性。"(Said 1983: 175)这种对文本的物质性的关怀,也允许萨义德"对位地"(参见 Said 1983: 92)阅读英语文学的文本,看到在何种程度上它们被卷入帝国主义广泛的政治计划。现在,我们可以看到,传统上被认为原属地与"英语文学"的话语关联的文本,认属于历史、文化、和社会的网络了,而它也就是在这个网络中出现和被阅读的。

萨义德还用这个概念来描述认属的网络联结被殖民社会和帝26 国主义文化的方式。文化认同被理解为"对位的合奏"(Said 1993a: 60),并且,帝国的文化和殖民的文化二者的隐藏的认属,也从属于一种对位的阅读。显然,对描述被殖民社会用对帝国的社会、政治和文化制度的认属来取代与土著文化传统的原属关联的方式来说,认属的概念是有用的。认属指的是"一方面,形式、陈述和其他美学阐述;另一方面,制度、行为主体、阶级和种种无定形的社会力量之间的特有的文化关联的暗网"(参见 Said 1983: 174)。萨义德还通过指出认属的网络本身就是霸权控制操作的领域,以及这点在帝国文化控制的场合下特别明显,而把这个概念和安东尼奥·葛兰西的霸权概念关联起来(参见 Said 1993a: 44)。

小　结

　　像罗兰·巴特那样的理论家对文本及其与作品或书的差异的介绍,很可能是当代理论中影响最为深远的发展之一。文本可被视为一种比简单的、来自作者的表达更为复杂的构造。但文本性隐含的效果,是切断了文本和世界的联系。对爱德华·萨义德来说,世界——文本起源于它,也可被认属于它——不仅对诠释来说,而且对文本影响读者的能力来说,都是至关重要的。萨义德展示了,何以文本的在世性是作为它(文本)自身存在的一个功能内嵌于它(文本)的。它有一个物质的在场,一个文化的和社会的历史,一个政治的甚至是一个经济的存在,以及一系列隐含的、与其他文本的关联。要展示何以文本对它的世界的"内嵌"和它对世界的认属网络对它的意义和它的重要性来说,以及对它作为文本的认同本身来说是至关重要的,我们不需要放弃文本性,也不需要放弃语言的中心地位。

在世性：批评家

当代理论中的结构主义革命对批评家的功能的影响和它对文本的影响一样大。它与战后大学教育的快速扩张，以及学术批评的日益专业化相契合，它引入了这样的倾向：假设我们只能用最复杂的语言来谈论理论。萨义德认为，在把文本的在世性化约为一种结构的惰性的时候，当代理论倾向于把批评家的活动拉出世界，使之越来越不与任何读者发生联系，而只与最专业的读者发生联系。

从 1983 年的《世界、文本和批评家》，到 1994 年的《知识分子的代表/再现》(《知识分子论》)，到他 1999 年的自传《格格不入》，再到他去世后才出版的《人文主义与民主批评》(2004)(这本书的最后一章就叫作"作家和知识分子的公共角色")，萨义德一生都在行使批评家的职能，以及(在更广泛的意义上说)公共知识分子的职能。知识分子说一切在他或她的社会中相关的东西的能力，也不可能免除在世性的概念,因为没有在世性的话,知识分子就没有他或她说话的世界了——他或她总是从这个世界出发,面对这个世界说话的。爱德华·萨义德在那个世界中的位置的矛盾,是作为他的职业生涯的特征的大量矛盾的来源。但无疑,世界及其与文本和批评家的联系,对于萨义德对智识工作的价值的认识来说,是至关重要的。他对于批评家的角色的看法,是对那种在不知不觉间逐渐发生的、象牙塔式的专业化——它逐渐成为学院批评的特征,并使学院批评越来越远离当代社会的政治现实——的激进攻击。

世俗的批评

根据萨义德,对批评家在世界中起作用的能力来说,真正的问题一直是专业化,即一种"对专业的专长的崇拜"的陷阱,这个陷阱使批评家的活动走向当代社会的迫切的政治关注的边缘。作为回应,他提出一种被称为世俗的批评的批评形式,这种形式的批评放弃了"神职人员似的"和深奥的专业化,而主张批评家要保持广泛的兴趣和他所谓的进路上的业余主义,避免智识工作退出实际的社会——实际上,智识工作就是在这个社会中发生的。无论知识分子多么相信他们的兴趣在于"更高级的东西或终极的价值",知识分子的实践的道德,都始于它在世俗的世界中的位置,并受"它在哪里发生,它服务于谁的利益,它如何与一种持续的普世主义的气质保持一致,它如何区别权力和正义,它如何揭露一个人的选择和优先考虑"(Said 1994a:89)的影响。

他支持的世俗的三位一体——"世界"、"文本"和"批评家"——与像后结构主义(它导致了一种持续内转的职业批评实践)那样的当代理论进路的"神学"构成了直接的对照。我们已经到了这样的阶段,他说:

专业化和职业化，与文化教条、很少得到升华的种族中心主义和民族主义，以及惊人地固执的伪宗教的寂静主义联手，把职业的和学院的文学批评家——他们是这种文化生产出来的最专注的、受过强训的文本的诠释者——完全送入了另一个世界。那个相对不受打扰的僻静世界看起来与由各种事件和社会构成的那个世界毫无联系，但事实上，后者又是为现代的历史、知识分子和批评家所建设出来的。

（Said 1983：25）

到 1970 年代的时候，根据萨义德，批评已经退入了"文本性"这个文学理论的神秘的、被消过毒的主题的迷宫。文本性是历史的确切的反题，因为尽管它发生，但它又不发生在任何具体的地点。 29

就像它在今天的美国学院中被实践的那样，文学理论已经在极大程度上把文本性孤立到环境、事件、物理的感觉之外了，而使它（作为人类工作的结果）得以可能，并使它变得可理解的，正是后者。

（Said 1983：4）

讽刺的是，当代理论的越来越复杂甚至令人目眩的计划，反而使它对孕育它的社会越来越无话可说。

在为文本的绝境和不可思议的矛盾而彻底放弃世界的同时，当代的批评也放弃了它所代表的那些人，即现代社会的公民，他们因此而落入"自由的"市场力量、跨国公司手中。

（Said 1983：4）

当代批评的专家的、职业化的批评语汇,本身是建立在这样一种信念之上的,即文学经验的一个方面支配着其他的所有方面。占支配地位的,就是文本的功能这一面。这种对文本做了什么的关注,带来了一些有益的效果:它废除了修辞,不再认为文本的伟大需要用它的修辞来证明;它使批评家能够严肃而且精确地谈论文本。但它也造成了批评家和阅读的公众之间的一个极其尖锐的断裂,因为如今,写作和批评已经被认为是在日常经验中没有简单对应的、极其专业化的功能了。

当代批评场景的特征,是理论和批评的甚至更加狭隘的专业化。世俗的批评坚定地反对的,正是这种狭隘的专业化。这种专业化的替代选项,是这样一种形式的批评:你不可能完全消除它的暧昧和矛盾,相反,你会为了拒绝教条,而欢乐地付出这个暧昧和矛盾的代价:

30

> 对总体化的概念表示怀疑,对具体化的对象不满,对行会、专业兴趣、帝国化的封地和正统的心智习惯不耐烦的批评,才是最本色的批评。而如果矛盾可以被容忍的话,那么,在这个最不像它自己的时刻,批评也就开始变成有组织的教条了。

(Said 1983:29)

正如简·穆罕默德(Jan Mohamed)所说的那样,在这个矛盾的表述中"批评的功能,是定义那同时被肯定和否定的东西"(1992:111)。因此,批评不是一门科学,而是一个政治的和社会的介入行动,它有时是悖反的,有时是矛盾的,但它绝不会凝固为教条的确定性。

批评家的在世性

切入文学理论的方式有多种。其中之一,是把它看作一个反思、研习、熟思的模式,一种对观念的刺激、物自体及其本身在世界中的本体论地位的集中关注。另一种方式则是认为,文学理论仅仅为批评提供了工具而已。还有第三种方式,那就是,认为理论的存在是为了支持批评改变事物的功能,是为了提供一种看待世界的视角,这个视角是实际存在于所有人的经验、投入和苦难中的,无论认识这个理论所揭示的经验是多么复杂的一件事。

批评对萨义德来说是个人的、主动的,是与世界密切相关的,是隐含于世界的再现过程的,是投身于那种差不多正在消失的观念(即知识分子通过反对的、批判的精神的运作,可以揭露虚伪、暴露错误、为变革铺路)的。批评家在和文本一样多的、各种各样的认属网络中有所作为。对萨义德来说,批评家的"在世性"和文本的在世性一样根本。因此,在我们阅读他对东方学话语(参见本书第 47 页[1]),或帝国文化与帝国支配的关联,或这一关联在当代对巴勒斯坦人的各种再现中的延续的分析的时候,在世性,即他自己在世界上的位置的问题,变成了对那些文本的介入的一个至关重要的特征。毫无疑问,驱动他自己关于文本、读者和批评家的互动操作的理论的,也是这个在世性。

无论萨义德在声称当代批评家已经放弃了他们所代表的当代人(即现代读者)时是否正确,我们都有理由认为,许多读者的确觉得自己日益被当代理论的艰涩语言给边缘化了。这带来的讽刺性的后果是,这样的批评,比如说,是在一个很可能与许多个体的理

31

论家的偏好相反的方向上运作的:它继续肯定并强制贯彻着精英的欧洲文化的主流价值,而这也是19世纪人们发明英语文学研究的目的。一点儿也不考虑文本在世界上的处境的批评,比如说,是一个与前被殖民人民无关的事业,后者接受文学实践与其说是为了维持欧洲的文化,不如说更多的是为了占用一种国际的声音。

使批评回归世界这个需要,也是普遍而言的后殖民批评的欲望。比如说,在安全地藏身于都会学院的同时,拆解"什么是现实?"这个问题所涉及的无穷矛盾,当然是很好的。但如果那个现实涉及物质和情感的剥削、文化的排除,甚至死亡的话,那么,这样的问题看起来就是任性而不相关的了。这种"世俗的"向世界的回归,除了像萨义德展示的那样,直接暴露了西方对后殖民世界的建构,还捕捉到了后殖民研究和当代理论之间的矛盾关系的特性。

对萨义德来说,批评超越了特定的立场。"事先就被像'马克思主义'或'自由主义'那样的标签修饰的"(Said 1983:28)(或者,被"女性主义"和其他任何一种我们可以设想的"主义"修饰的)批评,对他来说都是自相矛盾的。"不说政治运动了,思想的历史本就奢侈地说明了,何以'批评之前的团结'这样的格言就意味着批评的终结。"(Said 1983:28)这实际上涉及萨义德所说的"世俗的批评"的核心,因为他拒绝的不只是复杂深奥的理论思想的——"辅祭的神职种姓"的——类似于宗教的寂静主义,还有"教条的形而上学家"的意识形态上塞得满满的、不可穿透的立场(Said 1983:5)。他是如此严肃地对待批评,以至于他相信"甚至在你明确无误地站在一边反对另一边的战斗中,也应该有批评,因为如果要有问题、难题、价值,甚至是有待为之而进行斗争的生命的话,那么,就一定得有批评的意识"(Said 1983:28)。在这里,我们发现了对他关于公共知识分子的职能的看法的概括。

这是一个艰难的,虽不能说一定就是英雄的立场,但这个立场,与他自己的位置——他是一个在"中心",在精英的都会学院说话的巴勒斯坦人——的社会和历史条件,也是密不可分的。也就是说,萨义德自己的一生,也为一个人的批评应该指向所有方向的需要提供了足够的证据。反对的批评经常会陷入一种不加批判的、无反思的意识形态泥淖。对萨义德来说,批评天生就是反对的:

32

> 如果批评既不可化约为学说,也不可化约为关于特定问题的政治立场的话,如果它在世界之中并同时自觉到这点的话,那么,它的认同,就在于它与其他文化活动的、它与思想或方法的系统的不同了。

(Said 1983:29)

对于批评的立场,比如说后殖民的立场来说,这是一个有益的建议。这样的立场,一般是这样看待自己的:尽管它们还没有彻底被包围和被边缘化,但至少,它们为那些感觉在文化上受支配的人的批评工作提供了一个场地。

萨义德对曲高和寡的纯粹文本性的世界,以及在意识形态上塞满政治教条的世界此二者的拒绝,是他超越四种基本形式的批评的努力的基础,这四种批评是:实践批评、文学史、鉴赏与诠释、文学理论。但萨义德的批评精神的本质,在于他对被锁入某个学派、意识形态或政党的拒绝,以及他批评一切的决心。他是否在他可能希望的程度上做到这点——特别是在他关于东方学和伊斯兰的讨论中——是可以讨论的,但这并不会削弱他把批评还给世界的欲望的根本动力。

在我们谈论批评家在世界中的认属的时候,把批评置入某个理想化的文本性的区域,就变得极其困难了。对批评家来说,认属(他或她就是在认属中有所作为的)对被生产出来的东西来说是至关重要的。萨义德本人的案例就很好地说明了这点,因为,在一所重要的大学中占据一个有声望的地位的他,变成了世界上最著名的批评家之一。在他自己作为一个有权力、有声望的学院人士的立场上,他必须持续地介入:一方面,介入学院话语(在某种意义上,它在智识上造就了他,而他也是从它出发说话的);另一方面,介入他自己所代表的人的广泛边缘化的立场。的确,巴勒斯坦人和当代伊斯兰世界的人,依然是今天在美国受妖魔化最严重、被代表的人。

这些认属的张力,可能是悖反的和破坏性的,但在萨义德的作33 品中,这个张力也变成了一个外交和平衡的场合。除一些关于美国对巴勒斯坦政策的新闻写作和特别具体的激烈辩论外,萨义德自己的作品,展现了一种范例性的平衡:一种平衡的语气和对威吓的拒绝;一种理论立场——一方面可被理解为保守的,另一方面又可被理解为激进的——之间的平衡;一种对西方权力的运作的理解和对后殖民世界的不义的理解之间的平衡;一种对他的不同受众、他代表的不同的人的理解之间的平衡。这种对平衡的争取,引出一种对"责备的修辞"(Said 1986d)的拒绝,因为这种修辞永远看不到未来。可能,除萨义德外,没有一个当代文化理论家如此到位地展示了批评的文本的位置性(situatedness),如此彻底地强化了在一切对批评与它审视的文本或各种文本之间的关系的鉴赏中,考虑批评本身的认属的需要。

业余主义

对批评家来说,"在世性"的后果是相当深远的。萨义德引入了作为"业余爱好者"的批评家这个消人疑虑的,而不是令人不安的观念。他的意思是,批评家必须拒绝被锁到狭隘的职业专业化里面去,否则,他们就只会生产出自己的晦涩难懂的语汇,并只对其他专家说话了。在批评中,对职业专长的崇拜是有害无益的,因为它使社会的实际的物质和政治的关注,屈服于一种为经济学家和技术专家所支配的话语。就经济的和技术的话语被认为不仅是对真实世界的最精明谨慎的再现,也是人类事务的唯一真实的反映而言,这样的情景[即崇拜专业]在今天世界上每一个发达国家里都存在。正义、压迫、边缘化,或者说半球的、民族的和种族的不平等等问题,几乎完全没入了货币经济学的语言,而后者的乌托邦式的梦想是:"如果数字是对的,那其他的一切自然就水到渠成了。"

正是在这个"业余主义"中,批评家才能完全实现其在世性。业余主义的意思不是一种肤浅的玩票,而是一种对(尤其是)文学理论的背离社会的环境和真实事件(批评实际上就是为之而存在的)的倾向的反转。而这个背离过程,很大一部分就在于把知识分子锁进一种内向的、内旋的,只有其他专业人士才听得懂的话语。"业余爱好者"是一个有用的词,因为它的贬义扰乱了我们对知识分子在当代社会中承担的功能的感觉。在被问到为什么用业余爱好者这个术语,而不用"通才"的时候,萨义德回答说,他被这个法语词的字面意思吸引了,在法语中,这个词意味着一种对某物的爱,"非常地投入某物,而不以之为专业"(Ashcroft 1996:8)。萨义德本人的作品,就充分展示了业余爱好者的、在某种程度上被反讽地命名的"业务"(the somewhat ironically termed business of amateur)。业余爱好者是一个持此信念的人,即他相信,一个人身为思考的、关心社会的社会成员是可以提出关于一切问题的道德

34

问题的,无论涉及的活动是多么技术或专业(Said 1993a：61)。他的领域是从文学理论到文本批评、历史、话语分析、社会学、音乐学、人类学的一切领域,而所有这些都是以文化研究的形式出现的,后者所强调的,首先是后殖民世界中文化差异的政治。

批评家的工作

因此,批评家的工作,是和批评家的在世性认属密切相关的。尽管像《东方学》和《文化与帝国主义》那样的书视野宏大,但萨义德偏爱的文类还是论说文(essay)。对他来说,论说文可以逃脱传统的束缚,因为论说文强调个人的东西,同时又必然引起一个政治的维度,这点在"个人的就是政治的"这句格言中得到了浓缩的表达。对萨义德来说,形式是至关重要的,因为"批评家不可能在无写作中介的情况下言说"(Said 1983：51),而论说文,比其他形式更多地解放了作家的在世性。

但萨义德也清楚地意识到这种文类的局限。他认为,论说文的形式是反讽的。他这么说的意思是：首先,"就与生活经验相关的知性而言,形式无疑是不够的"(Said 1983：52)；其次,"论说文这种形式本身,它是一篇论说文这一点,就是一种与生活的伟大问题相关的、反讽的命运"(Said 1983：52)。比如说,苏格拉底就是因为论说文在论证他争论的问题上的恣意和不对题而死的,他的死

完美地象征了论说文式的命运,即真正的悲剧命运的缺失。因此,和悲剧不一样,对论说文来说不存在内部的结束,因为只有外部的东西可以中断或终结它,就像幕后判决苏格拉底死刑,突然结束他质疑的一生那样。

35

(Said 1983：52)

萨义德指出,论说文是一个"最重要的,文化的,甚至是文明的幸存行为"(Said 1983:6)。也正是通过这个偏好的写作形式,萨义德才得以变得"复调":也就是说,通过调动其他思想家,来表达和阐发他自己的看法(Salusinszky 1987:134)。萨义德的复调进路,与他心目中为(形成)一群有智力的受众、一群会聆听的受众(所需)的基本条件是一致的。

论说文(也许,一切文本亦然)"宣告了它的位置"。萨义德用这个术语来指批评家采用的、用来定位自己、用来做他们的工作的那个形式。位置涉及认属:论说文与文本的关系,或它试图接近的情景;论说文的意图(和论说文假定或创造的受众的意图);论说文的生产(和作为论说文生产的一个面向发生的各种事件);论说文自己的文本性。论说文是一个文本,是插入文本之间的东西,还是文本性概念的强化,又或是一种语言的分散——从偶然的一页,分散为历史中和为历史的场合、倾向、潮流或运动(Said 1983:50-1)——呢? 看起来,批评的次要性、它的"在文本后"这个时间上的不幸、各种它被认为要处理的场合,一劳永逸地界定了批评。萨义德明确拒绝了通常分配给当代批评的这个次要的角色:

> 因为如果我们这样想——文本构成了福柯所谓的档案的事实,而档案又被定义为文本在世界之中的社会话语存在——的话,那么,批评本身就也是当下的一个面向了。换言之,与被定义为沉默的过去,受命于过去对当下言说相反,批评和任何文本一样,是其表达过程中、其为定义而进行的斗争中的当下。

> (Said 1983:51)

批评共享一切文本的认属网络,它也是在世界中表达自己的在场的话语的一个实例。

36 问题在于,论说文能否被认为是文本。如果我们同意它当然可以是文本的话,那么,我们就必须假设,它在世界中的存在方式,是以影响一切文本的那整整一系列的认属,而不仅仅是关联另一个先在的,可以是批评的假定对象的文本的那部分认属为特征的。或者,就像王尔德说的那样,批评"把艺术作品当作新的创造的起点来对待"(Said 1983:52)。

风　格

批评家向世界的回归的一个至关重要的特征,是向一种容易理解的写作风格的回归。因为,在"神职人员的"高理论世界中,一种"受珍爱的黑话已经成长起来,其令人畏惧之复杂模糊了社会现实,而在美国权力衰落的时代,社会现实也在鼓励——虽然这看起来可能是奇怪的———种远离日常生活的、关于'各式各样的卓越'的学术研究"(Said 1983:4)。就像萨义德说的那样,风格——一个考虑受众的作家的可识别、可重复、可保存的标志——中和了在世性,即一个社会文本的沉默的、看似无环境的实存。这点,对于理解萨义德本人理解写作任务的进路的方式来说特别重要。有时(如在《文化与帝国主义》中),萨义德的风格看起来是话语的、谈话的,甚至是重复的,这就使它在一些人看来"业余",没有理论的思考。但风格对萨义德确认他自己的文本的在世性的计划来说是至关重要的,因为他的文本是给非专业人士的读者看的。这种风格,这种平衡,在像新闻、通信、期刊或对其他批评家的答复那样更强的渠道中可能会发生变化这个事实,本身就指出:批评家对他或她操作的话语的认属,是持续进行着的。就像小说不"单"是其历史和社会环境的产物一样,批评的作者也不只是话语的密码。

在过去的二十年里,萨义德一直坚持不懈地试图生产一种介入政治与社会生活的真实物质基础的批评。对萨义德来说,批评持续地跨越了学术文本和新闻文本之间、职业论坛和公共论坛之间,以及各种职业的专业化之间的边界,因为说到底,它的特征和目的都是迫切而直接的。"批评必须这样思考自己:它是改善生活的,它在构成上就反对一切形式的僭政、支配和滥用;它的社会目标是为人类的自由而生产出来的、非强制性的知识。"(Said 1983:29)对意识形态或理论的教条的拒绝,也是萨义德这方面的意愿的基础:他总是倾向于把一般所谓的特别是和历史、经验的学术研究的效力有关的保守立场,跟关于社会与政治关系的激进看法放到一起来思考。

37

对权力说真话

一旦我们使批评走出文学批评家的专业领域,我们就会发现它的各种变形的可能性。最终,批评对萨义德来说是重要的,因为批评是关心社会的知识分子的核心功能。批评把知识分子放进世界,因为这样一个人的终极功能,不是推进复杂的专业化的"神学",而是"对权力说真话"——这也是《知识分子的代表/再现》中一篇论说文的题目。"一个人如何说真话? 说什么真话? 从谁的角度说,在哪里说?"(Said 1994a:65)不存在提供全面回答的方式,但知识分子必须为意见和表达的自由而奋斗。抵抗的力量在于作者"逆写"帝国主义、对不义说出"真相"的能力。人类不但建构了他们的真理,而且"经典的欧洲殖民帝国建立和维护的'白人男性更优越'的所谓的客观真理,依靠的还是对亚非人民的暴力的征服"(Said 1994a:67)。

尽管平等和正义的自由主义修辞有所扩散,但在全球各地,不义还在继续。知识分子的任务,就是应用这些概念,让它们"对实际的情景产生影响"(Said 1994a:71)。这意味着,采取一种反对自己的政府(就像他在海湾战争中做的那样),或反对自己的人民(就像他在一个很多人都欣快地以为奥斯陆协定将终结以色列与巴勒斯坦人之间的长期争斗的时代站出来大声反对那个协定时看起来在做的那样)的立场。回顾来看,萨义德的立场看起来都已经得到了证明(Said 1994b)。在形形色色的当代社会中,对权力说真话的要点在于,为实现和平、和解和正义争取更好的条件。知识分子走这条路,不是为了个人的荣耀,而是为了改变道德的风气。萨义德说:"对权力说真话不是盲目乐观的理想主义:它是谨慎地掂量各种方案,选出正确的那个,然后到最为有利和能引起正确变革的地方再现它。"(Said 1994a)

"对权力说真话"的观念,也有其矛盾之处。因为,我们可以问,是什么让权力来听你说话呢? 正如布鲁斯·罗宾斯(Bruce Robbins)指出的那样,这个观念本身就部分地假设了权力本身即一个反-权威的行动(Robbins 1994:29),它本身就假设"知识分子"这样一个可识别的(甚至是著名的)公共认同有一种能使"权力"听"真话"的权力。但怎样定位这个认同呢? 矛盾的是,知识分子看起来只有通过取得专业的权威,才能使"权力"听"真话",而追求专业的权威这个行为,又与萨义德大力地提倡的世俗主义相悖。但这并没有降低萨义德直言不讳的欲望的有效性。相反,它展示了,知识分子的立场可能是多么复杂和暧昧。

在《知识分子的代表/再现》中,萨义德提出了一个重要的问题:知识分子应该介入到什么程度? 有没有可能加入一个党派或派系然后保持独立的外表? 尽管一度是巴勒斯坦全国委员会的成员之一(他是出于团结加入的,但在与领导层争执后退出了),但是萨义德一直谨慎地避免使自己屈从于一个党派或派系。允许他保持对知识分子来说至关重要的批评的距离的,也正是这一点。在理想的情况下,知识分子应该代表解放和启蒙,而他只能以一种"世俗"的方式——避免极端地看待事物,认为一面好,另一面则不可还原地坏——为之。与"指责的政治"(Said 1994a:45)(通过它,第三世界和后殖民社会变得如此故步自封于指责帝国主义的习惯,以至于它们预先就阻遏一切变革的策略)相反,萨义德提出一种"更加有趣的、世俗诠释的政治"(Said 1994a:46)。这种政治把批评和"另一个世界"的可能性关联起来。

不过,后殖民知识分子的角色,是提醒人们注意殖民主义及其持续影响,澄清并拓展后殖民社会能够为自己开拓的空间。这确切来说也就是像萨尔曼·拉什迪、肯尼亚小说家恩古吉·瓦·提昂戈(Ngúgi wa Thiongo)与巴基斯坦学者和活动家伊克巴尔·艾哈迈德(Eqbal Ahmad, 1933—1999)一直试图做的事情。在殖民主义及其谱系上的后代之间,是萨义德所谓的"一种延续和一种划除"(Said 1994a:54)。许多后殖民作家身上负载的过去

> 是羞辱的伤疤,是对不同的实践的鼓励,是潜在的修正版的、朝向未来的过去观,是亟须重新诠释和再次调用的经验:其中,一度沉默的土著在从殖民主义者那里夺回的领土上言说和行动。
>
> (Said 1994a:55)

这些后殖民知识分子的划除和重写确切来说正是世俗诠释的政治。对他们来说,殖民化的经验使他们不可能清晰地界分"我们"

39

和"他们"。通过各种各样的努力——历史的、诠释的、分析的——这些知识分子"把抵抗的文化等同于一个有它自己悠久的完整性和权力传统的文化事业,我们不能把后者简单地理解为一种对西方帝国主义的迟来的、反应式的回应"(Said 1990:73)。

赞美流亡

批评家的功能,既为他或她"在世"的能力所增强,也为之所聚焦。但"世界"意味着什么?批评家所在的,是何种世界?释放原创性、防止观念党派商品化的,是何种在世性?也许,萨义德不止一次用过的,一位名叫圣维克托的休格(Hugo of St Victor)的12世纪萨克森僧侣的一段话,最为清晰地表达了对批评家的在世性的构想:

> 认为祖国可爱的人还是脆弱的新手;视一切土地为本土的人算强了;但这样的人才是完美的:对他来说,全世界都是异乡。脆弱的灵魂把他的爱固定到世界中的一个点上;强大的人把他的爱延伸到所有地方;完美的人则消灭了自己的爱。
>
> (引自 Said 1984a:55)

这样的态度不但使原创的见识成为可能,也使复数的(因为流亡意识到至少两种文化)见识成为可能(Said 1984a:55)。"因为流亡者同时从被留在身后之地和实际的此时此地两个角度来看事物,所以,在流亡者那里存在一种永远不会孤立看事物的双重视角"(Said 1984a:44)。

结果,对萨义德来说,流亡是一种纠结的状态,因为流亡是真正批评的在世性的几乎必要的条件,"一切流亡者的成就,都永远为他或她的丧失感所破坏"(Said 1984a:49)。尽管流亡是"一个人和故地之间的不可治愈的强行分裂"(Said 1984a:49),但是,现代西方文化的正典却"在很大程度上是流亡者的作品"(Said 1984a:49)。这种个人的孤立无援和文化的赋权之间的张力,也是萨义德 40 自己作品中的流亡的张力,这种张力帮助解释了他自己在文本与世界之间的关联上的深刻投入。因为那个在世性确保了民族或社群或宗教对文本的所有权是无效的,无论那些原属的关联多么强大。

流亡也可能是深刻的创造的赋权的一个条件。埃里希·奥尔巴赫(Eric Auerbach),一个逃离纳粹德国的犹太难民,是在伊斯坦布尔写出西方批评的里程碑式的著作《摹仿论》(Mimesis)的。在那里,他可能没办法找到需要的书,但这反而使他能够写出一个视野如此宏大的研究。萨义德说,《摹仿论》本身不"只是对西方文化传统的大规模的再次肯定,也是一部建立在对西方文化的、在批评的意义上说很重要的疏离的基础上的作品"(Said 1983:8)。比如说,乔纳森·斯威夫特(Jonathan Swift)在爱尔兰的流亡,也使《格列夫游记》(Gulliver's Travels)和《布商的信》(Drapier's Letters)两部天才著作的写作成为可能,这两部作品"展示了一个不只受益于这种生产性的痛苦,更是从中绽放的心智"(Said 1994a:40)。正典与流亡的关系,也暴露了萨义德自己的职业生涯的一些更加显眼的矛盾。但他在这篇论说文中坚持的看法——他认为,知识分子不只受益于流亡,而且还在某种意义上需要流亡,这样他才能发展出自由批评所需的各种能力和一种从民族和党派的虚弱影响中解放出来的智识努力——也持续地影响了他自己的文化和政治理论。

也许,最深刻的矛盾出自知识分子与文化的关系,因为尽管他或她可能被文化浸透了,但文化与地方的深刻关联,又把流亡者放

到一种流散文化的令人不安的暂时性中。文化与地方的关联不只意味着与一个民族国家或地区的关联,也包括:

> "在家"或"在其所"(in place)这样的短语所涉及的所有微妙的保证、适合、归属、结社和社群……在文化中,我们才能找到"属于"或"在"一个地方,"以一个地方为家"这样的表述所传达的那一系列的意义和想法。
>
> (Said 1983:8)

这就把流亡者放到一个独特的历史和社会位置上,但同时也把他放到了一个更加焦虑和暧昧的文化位置上:

41

> 流亡……是"冬天的心境",其中,夏天和秋天的悲怆与春天的潜能近在咫尺却又触不可及。也许,这是"流亡的生活依照的是另一种历法,它不如在家的生活有周期和安定"的另一种说法。流亡是在习惯的秩序之外过的生活。它是游牧的、去中心的、对位的;而一旦你习惯它,它令人不安的力量又会重新爆发。
>
> (Said 1984a:55)

但被萨义德描述为"占有占有"(possessing possession)的文化观还有一个更加有趣的维度,"那就是文化借助它拔高的,或者说更优越的位置来授权、来支配、来赋予合法性、贬低、禁止和批准的权力"(Said 1983:9)。文化是"一个向下浸透其范围内的几乎一切的价值系统;而矛盾的是,文化又是在不同时可为它所支配的一切人或物所用的情况下,自上而下地支配它们的"(Said 1983:9)。

显然这种对文化的看法出自威尔士马克思主义者和文化批评家,雷蒙德·威廉斯(Raymond Williams, 1921—1988)在作为"艺术"的文化和作为一种"生活方式"的文化之间做的区分。因为就像萨义德说的那样,要想象个体被"排除"在自己的生活方式之外是不可能的。相反,他用"文化"这个词

> 来指一个环境、过程、霸权,(在其私人境遇中)个体及其作品内嵌于这个环境、过程、霸权,并在其中,在顶层和底层分别受到一个上层结构和整整一系列的方法论的态度的监管。
>
> (Said 1983:8)

也许,萨义德作品的矛盾就在于他自己和这个霸权文化的关系。因为尽管他展示出对位地(参见本书第 89 页)和"批评地"阅读欧洲文学文化的能力,但他还是不能消除他自己被这种文化"浸透"、在这种文化的霸权范围内被它深刻吸引这个事实。不过,用萨义德的话来说,知识分子,在流亡、世俗主义、业余主义、在世性的立场上,维持了一种扰乱文化的假设,视这样的假设为社会和政治的不义的强大能力。

霸 权

霸权,起初是一个指"一国在一个联盟内的支配地位"的术语,现在则被普遍理解为"经过同意的支配"的意思。这个更广的意思,是 1930 年代意大利马克思主义者安东尼奥·葛兰西提出和推广开来的,当时葛兰西研究的是,为什么统治阶级在这点上——在社会中推销自己的利益上——会如此成功。对葛兰西来说,霸权出自统治阶级说服其他阶级、让其他阶级相信它的利益就是所有

人的利益的力量。因此,支配不是通过武力,甚至也不必然通过主动的说服,而是通过一种更微妙、更具包容性的控制经济和像教育和媒体那样的国家机器的权力来进行的。通过这些操纵,统治阶级的利益被呈现为共同的利益,并且因此而被视为当然。在帝国主义那里,霸权是重要的,因为影响被殖民者的思想,是迄今为止帝国主义列强在殖民地最持久、最有效的操作。的确,区分一个"帝国"和被一个核心大国强行控制的一批成员国的,就是帝国文化霸权的效力。

　　萨义德的文化观的特征,在于他有关霸权和拔高,以及文化赋予合法性的力量的看法;"它[霸权]的倾向永远是为了使自己弥漫、撒播和扩张到可能的最广泛的程度而从权力和特权的高处向下运动。"(Said 1983:9)不管在你看来那个力是拔高的还是强制的,文化都在发力。影响力很大的文学和文化批评家马修·阿诺德(Matthew Arnold, 1822—1888)也许是作为最高价值的文化的最著名的倡导者了。"文化的伟人,"阿诺德说,"是那些对传播他们时代最好的知识和最好的观念、对推广这些知识和观念、对把这些知识和观念从社会的一端带到社会的另一端满怀激情的人。"在他看来,为实现文化和社会的对应而进行的斗争,本质上是战斗性的,是"断然实现和赢得一套可识别的观念——阿诺德尊崇地称之为文化——对社会中其他所有观念的霸权"(Said 1983:10)。为使文化与社会对等而进行的战斗意味着要获取一种强大的权力,其结果,对阿诺德来说就是文化与国家的同一化;"因此,文化的权力可能不过就是国家的权力而已"(Said 1983:10)。结果,对那个阶级来说,文化也就可以是等同于国家的,文化就是"一个自上而下建立,但通过其政体来执行的排除系统,通过这个系统,像无政府、无序、非理性、低端、坏品味和不道德那样的东西先是被识别出来,

然后再被放到文化之外,并被系统的制度控制在那里"(Said 1983:
11)。

抵抗这种文化和社会的同一化的理论义务,是批评家面临的　43
最大挑战之一。批评生产出一个距离,这个距离把个体放在一个
敏感的节点上,从这个点出发,个体才可以抵抗文化的霸权。

> 历史的知识,对社会境遇之重要性的认识,做区分所需的
> 分析能力:这些东西,困扰着在各种已知的权力和可接受的价
> 值的支持下,不受外部世界侵扰,在自己的人民中安然居家的
> 准宗教权威。
>
> (Said 1983:15-16)

这个义务在萨义德本人的工作中有没有得到充分履行是另一个问
题。流亡的境况本身,就把知识分子置入了一种与文化的矛盾的
关系。当然了,在这种文化对一个被殖民社会施加其霸权压力的
时候,这种强制和排除的权力才得到最残酷的运用。也许,正是出
于这个原因,萨义德才把注意力集中在作为一种霸权的、侵染的权
力的文化,而不是作为对一种生活方式的描述的文化上,因为这种
权力,在英国殖民地的行政中是最为明显的。

萨义德对流亡、知识分子与文化的相互关系的看法的矛盾性,
在很大程度上可以从这个事实来解释,那就是,对他来说,流亡既
是一个实际的,又是一个比喻的境况:

> 那种把知识分子设置为外人的模式的最好例子就是流亡
> 的境况,就是永远不完全适应、永远觉得外在于土著的闲聊
> 的、熟悉的世界的那种状态……在这个比喻的意义上说,流亡

> 对知识分子来说就是不消停,运动,持续的不安,令他人不安。你不可能回到某个先前的、也许更加稳定的在家境况;而且,唉,你也永远到不了你的新家或新情景,与那个地方完全一致。
>
> (Said 1994a:39)

甚至在这里,我们也可以觉察到在实际的和比喻的之间的一个滑动,这暗示,对萨义德来说,流亡也是知识分子为站到家或国对他的舒适接受之外而自愿采取的行动。因为在不彻底消解流亡概念的情况下,要看到比喻性的概念能被引申到何种程度是艰难的。

当然,在对萨义德影响最大的流亡者,德国的新马克思主义文化批评家西奥多·阿多诺身上,与祖国的分离,跟对日常世界的自愿的远离的结合,看起来是完全的。身为"20世纪中期最重要的知识分子的良心,整个职业生涯都在回避法西斯主义、共产主义和西方消费主义的危险,与这些危险斗争"(Said 1994a:40)的阿多诺是这样一个人物:他的智识的和个人的生活,在爱德华·萨义德自己的生活中得到了非凡的响应。但有趣的是,尽管阿多诺是流亡知识分子的完美典范,但他也把这个概念变成了难题,因为

> 阿多诺是知识分子的典范,他带着同样的厌恶,仇恨**所有的**系统,无论是我们这边的还是他们那边的。对他来说,生活在集合时是最虚假的——他曾经说过,整体永远是不真实的——他继续说,而这,使主体性、个人的意识、被整体地管理的社会中不能被操作一团的东西变得更加宝贵。
>
> (Said 1994a:41)

从某些角度来看,阿多诺在离开祖国之前就是流亡者了。我们只能推测实际的流亡在何种程度上加剧了已经深刻内嵌于他的本性的比喻的流亡的倾向。

不过,萨义德对流亡的赞美中的另一个矛盾,在于其深刻的欧洲中心特征。尽管格格不入的、流离失所的"欧洲"流亡者已经得到了接纳、受到了赞美并获得了一个新的"家",但"其他"流亡者的位置,还是很成问题的。全世界流散的人们面临的困境和苦难,在西方最多也只得到了好奇的注意。与被接纳相反,这些"新的"流亡者被视为对旧有秩序的威胁。他们得到的是这样的再现:他们扰乱了原有居民的生活,而在像伦敦、巴黎、迈阿密、纽约和约翰内斯堡一度专属于白人的郊区那样的地方,英法人口也纷纷感到厌烦和不安。影响力很大的殖民话语理论家霍米·巴巴捕捉到了这些"新"流亡者的情绪和位置。在反思他自己身为帕西人的格格不入的时候,巴巴写道:

> 　我经历过那个在其他时代和其他地方,在其他人的国家将变成一个集合的时代的人民四散的时刻。流亡者和移居者以及难民的集合,在各种"外国"文化的边缘上的集合;在边疆的集合;在城市中心的隔都或咖啡厅里的集合;在外国口音的半衰、黄昏中,或者说在另一门语言的异常流利中的集合;在认可和接受的标志、学位、话语、学科中的集合;对欠发达的记忆、对曾经生活过的其他世界的记忆的集合;在复兴的仪式中的过去的集合;当下的集合;以及,流散的人的集合:合同工、移民、实习者的集合;犯罪率、教育表现、法律身份、移民身份的集合。

> (Bhabha 1990:291)

45

"其他的"流亡者还没有得到"安定"的允许,这不应该让我们感到奇怪。因为"他者"的建构本身,就像萨义德在他的《东方学》中雄辩地证明的那样,是以西方和东方的差异为前提的。正是通过这个"他者化"的过程,西方才能够使那个地区"东方化"。这个建构有一个独特的政治维度,而这在帝国主义那里得到了最好的例示。因此,不仅帝国主义最明显的特征——"野蛮的政治的、经济的和军事的基本原理(rationales)"——中存在一种权力的不平衡,而且,这个权力的不平衡还是文化上的。因此,对那些在主流话语中被贬低和边缘化的文化来说,赞美它们的流亡者很可能是不合适的。而且,"其他的"流亡,一般来说,也是承受殖民主义和帝国主义之怒的社会断裂和破碎的产物。像萨义德那样的流亡者能够从他们的边缘性和边缘化中开拓出一些空间——这所说的更多的是他们的决心,而不是他们在西方得到的接待。

小　结

　　在世性不只是一种对文本和批评家的看法，它还是萨义德的所有文化分析和理论的根基。无论谈论的是东方学家、正典作家还是后殖民抵抗的主要人物，萨义德的进路都受一种对智识活动的位置性的深刻而不可动摇的信念影响。无论是在文学批评还是社会批评中，萨义德的事业和工作的矛盾都是多重的，但这些矛盾都以这样一个矛盾为中心，即他的信念和他的偏好之间的根本的脱节，也就是他的理论家身份和他作为一个社会化的个体的存在的不一致。但这个矛盾本身，也是对萨义德的在世性的最大肯定。知识分子本身，和他们生产的文本一样，不是理论的机器，而持续地受他们自己的"在世"之复杂性的影响。正是这种在世性，给知识分子的工作以其严肃性，使之变得"重要"。因此，在这个意义上说，在世性一直是那股驱使爱德华·萨义德本人在智识上介入文化和政治的能量的来源。也正是流亡的知识分子的脱节，为他"对权力说真话"提供了最强烈的动机。

46

3

东方学

    爱德华·萨义德出版的《东方学》对关于殖民话语的思考的影响是如此之大,以至于三十年来,它一直是争论、吹捧和批评的场所。萨义德的介入,本意是为了说明,自(至少)18世纪以来,对欧洲的"他者"的再现是怎样被制度化为西方的文化支配的一个特征的。东方学描述的是形形色色的学科、制度、研究过程和思想风格,在过去的数个世纪里,欧洲人就是通过这些东西来"认识""东方"的,而这些东西也在19世纪帝国主义崛起和巩固时期达到了它们的顶点。萨义德对这种认识欧洲的他者的方式的兴趣的关键在于,它有效地证明了知识与权力之间的关联,因为它在认识东方的过程中,也"建构"和支配了东方。"东方学"这个术语本身就展示了这个过程是怎样运作的,因为这个词同时起到了同一化和同质化的作用,意味着关于被它命名的东西("东方")的一系列的知识,以及一种在智识上对东方的掌控。自萨义德的分析以来,东方学就已经揭示了自己作为一个模型的存在,通过这个模型,我们可以看到,欧洲认识被殖民的世界的策略是怎样以各种各样的方式同时变成支配那个世界的策略的。

东方学的各种起源

1786 年,孟加拉高等法院法官和梵文学者威廉·琼斯对孟加拉亚细亚学会做了一次致辞,在致辞中他说了这样一番即将改变欧洲智识生活面貌的话:

> 梵语,无论其古体是什么样子的,它都有着绝妙的结构,比希腊语更完美,比拉丁语更丰富,比这两门语言中的任何一门更精致,却又在词根、语法形式上与二者极为相似,这种相似不可能出于偶然;的确,它们是如此相似,以至于任何考察这三门语言的语文学家都不由得要相信,这三门语言可能源于某个也许现已不复存在的共同来源。
>
> (*Asiatic Researches* 1788,引自 Poliakov 1974:190)

琼斯的这番话引发了全欧洲的"印度热",学者们纷纷到梵语里去寻找甚至比拉丁语和希腊语还要深藏于历史的欧洲语言的起源。在印度热过后,东方学被牢固确立了,而语言研究也得到了极大的扩张。在接下来的一个世纪里,欧洲的民族学家、语文学家和历史学家将沉迷于东方和印欧语系,因为这些语言看起来为欧洲文明自己的根源,提供了某种解释。

琼斯的这番话是革命性的,因为当时既有的对语言史的构想假设,语言发展是在创世以来的 6000 年里发生的,希伯来语是源语言,而其他语言则是通过一个堕落的过程发展出来的。琼斯的宣言引入了一种新的对语言史的构想,但因为语言是如此深刻地隐含在关于民族和文化认同的考虑之中,于是乎,"真正的和有用的语言科学,也就被疯狂的'种族人类学'学说给吞没了"(Poliakov 1974:193)。语言和认同的关联,特别是语言的多样性和种族认同的多样性的关联,引出了民族学这门学科,也就是现代人类学的前身。

按萨义德的说法,东方学主要是一种定义和"定位"欧洲的他者的方式。但作为一组相互关联的学科,东方学在很多重要的方面也关乎欧洲本身,并以围绕民族特性、种族与语言起源为核心的论证为中枢。因此,对东方语言、历史和文化的详尽和细致的考察,是在这样一个语境中进行的:其中,欧洲文明的优越性和重要性是不受质疑的。这就是那种很快就被富有影响力的学者生产的神话、意见、道听途说和成见认为是已被接受的真理的话语的力量之所在。比如说,影响力很大的法国与文学家和历史学家欧内斯特·勒南(Ernest Renan, 1823—1892)就可以自信地宣称"每个人,无论多么不熟悉我们时代的事务,都会清楚地看到,实际上,信穆罕默德教的国家是低劣的"(Renan 1896:85)。我们可以清楚地看到勒南的受众,及其共享的文化假设的性质:

> 所有去过东方或非洲的人都会震惊于此:真正的信徒头上的种种铁箍致命地限制了他的心智,使之在知识面前把自己完全地封闭起来。
>
> (Renan 1896:85)

这样的论断背后的信心,在一定程度上表明了像勒南,以及语文学家与种族理论家阿图尔·高比诺伯爵(Count Arthur Gobineau,

1816—1882)那样的作家的广泛流行给人们带来的自信。但在更深的层次上说,这些作家本身也是欧洲对世界大多数其他地方通过经济和军事来维持的不受质疑的支配的产物。通过这些像勒南的话那样的陈述,东方学知识的"生产",变成了对各种假设和信念的持续的、不受批判的"再生产"。如此,1908 年,极为依赖像勒南那样的作家的克拉默勋爵才能够写道,欧洲人"受过训练的才智像机械一样工作",而东方人的心智,则"像他们如画的街道一样,在对称方面极其欠缺"(Said 1978a:38)。欧洲的优越的"秩序"、"理性"和"对称"和非-欧洲的低劣的"无序"、"非理性"和"原始主义"是自我肯定的规范,而形形色色的东方学学科就散布于其中。但给这些学科以其动力和紧迫性的(至少在一开始的时候),是解释欧洲与其东方祖先之间的明显的历史关联的需要。"东方"的意思,大概就是我们今天说的"中东",包括各种"闪族"语言和社会,以及南亚的社会,因为这些社会与印欧语言的发展和传播最为相关,尽管就像萨义德指出的那样,东方学家也倾向于区分在古印度的"好的"东方跟在今天的亚洲和北非的"坏的"东方(Said 1978a:99)。

　　对印欧语系的识别,在世界史上引发了不可估量的后果。它

50　不仅扰乱了常规的语言史概念,还引起了一个世纪的语文学争论,但随着语言和种族的合流,它很快就生成了各种关于种族的起源与发展的理论。在不同时代被称为"雅弗族"语言(得名于诺亚的儿子雅弗,区别于源于诺亚的另外两个儿子闪和含的"闪族"语言和"含族"语言)或"印度-日耳曼"语言的印欧语系开始被称为"雅利安语"——因为人们认为,它们起源于亚洲的雅利湖附近。1819年,通过德国哲学家弗里德里希·施莱格尔(Friedrich Schlegel,1772—1829)的努力,"雅利安"这个术语获得了广泛的权威

（Poliakov 1974：193）。这个术语变成了一个接近欧洲国家之核心的观念——独立的语言意味着独立的种族/民族起源——的象征。19 世纪初,在用雅利安种族的神话来激励德意志青年的时候,施莱格尔的修辞启动了一个最终导致第二次世界大战的大屠杀的进程。因此,这个原本有统一有着广泛文化差异的各族人民——印欧语言社群,多样如印度人、波斯人、条顿人和盎格鲁-萨克逊人那样的人民——之潜能的概念,在满足欧洲人根深蒂固的种族自负的同时,变成了最咄咄逼人的种族极化发展的根源。

把东方学单纯视为 19 世纪现代帝国主义发展的产物的做法是很有诱惑力的,因为欧洲对东方的控制,的确要求它为自己在文化和经济上的支配给出一个智识上的理由。但话语是被——我们可以这样说——"多因素决定的"（overdetermined）:也就是说,许多不同的因素都对历史上的这个时候的这个特定的意识形态建构的发展做出了贡献,而新兴的欧洲国家的帝国主义,只是这些因素中的一个(尽管也是显著的一个)。这些影响的支流也随国家而变,比如说,英国的工业支配及其殖民占有的政治经济;法国革命后的民族命运感;德国条顿人社群持续了数个世纪之久的对血统的重视。所有这些合在一起,共同生产出一种研究东方文化的激情,后者也见证了像民族学、人类学、古生物学和语文学那样的新自然与人文科学学科的诞生,以及像历史学和地理学那样的既有学科的变形或形式化。东方学包含的智识学科也远远不是铁板一块的,相反,这些学科的多样性,主要的欧洲国家不同的文化史对它们的"多因素决定"意味着,东方学也发展出了不同的智识风格。

但尽管东方学学科是复杂而多样的,东方学学者的研究也都是在特定的规范内操作的,比如说这样的假设——西方文明是历史发展的顶点。因此,东方学的分析,几乎总会进一步肯定东方社

51

会的"原始"、"原初"、"异域"和"神秘"的性质，并时常断定印欧语系的"非-欧洲"分支的堕落。在这方面，东方学尽管助长了很多学科，却可以被当作福柯所说的"话语"来看：一个连贯一致、边界分明的社会知识领域；一个人们借以认识世界的陈述构成的系统（见本书第14页）。

　　话语中有一些不成文的（有时还是无意识的）定义什么能说、什么不能说的规则，东方学话语也有许多这样的在成规、习惯、预期和假设的领域运作的规则。在一切获取关于世界的知识的尝试中，被认识的东西，在极大程度上是为它被认识的方式所决定的；一门学科的规则，决定了人们能够从中获得的是何种知识，而这些规则的强大及其不被说出的性质也表明，学术学科是原型形式的话语。但在这些规则贯穿多个学科，提供限定此类知识之生产的边界的时候，那种言说和思考的智识习惯就变成了一种像东方学那样的话语。这种支持东方学的话语连贯性的论证，是萨义德对现象的分析的关键，也是他的论证的说服力的来源。欧洲的知识，通过不断地在东方学话语内建构它的对象，才得以维持其对该对象的霸权。把注意力集中在东方学这个复杂现象的一个面向上，使萨义德能够把东方学阐述为文化支配机制的最深刻的例子之一，阐述为帝国的控制，以及今天也继续影响着当代生活的那种控制的过程的转喻。因此，《东方学》的核心是展示知识与权力之间的关联，因为东方学话语在"认识"东方的过程中建构和支配了东方。

52　"独有的令人筋疲力尽的命运"：《东方学》的在世性

　　《东方学》是一部毫不掩饰的政治的作品。它的目标不是研究那一系列的学科，也不是细致地阐述东方学的历史或文化的起源，而毋宁说是逆转话语的"目光",从一个"东方人"的视点来分析它——"清点那种文化在东方主体上留下的痕迹……那种文化的支配,是所有东方人的生活中的一个强力的事实"(Said 1978a:25)。何以萨义德这位著名的美国学者能够声称自己是一个"东方人"这件事情,再次重复了贯穿他的作品的那个反复出现的矛盾。但他在美国(在美国,"东方"意指危险和威胁)的生活经验,是《东方学》的在世性的来源。这本书的来历展示了东方学话语的深刻影响,因为它直接出自一个阿拉伯巴勒斯坦人在西方的"令人沮丧的"生活。

> 的确,网住阿拉伯人或穆斯林的种族主义、文化的陈词滥调、政治的帝国主义、非人化的意识形态之网是很强的,每一个巴勒斯坦人都会感受到这张网独有的令人筋疲力尽的命运……因此,对我来说,创造"东方"并在某种意义上使他们非人化的知识与权力的网结,并不完全是一个学术问题。它也是一个有一些非常明显的重要性的智识的问题。
>
> (Said 1978a:27)

如我们所见,《东方学》是萨义德自己"独有的令人筋疲力尽的命运"的果实。在这本书中,一个在美国生活的巴勒斯坦阿拉伯人利用他移居的教授位置,来分辨文化霸权的维持方式(参见本书第41页)。他说,他的意图是挑衅,并因此而刺激出"一种新的,和东方打交道的方式"(Said 1978a:28)。的确,如果这个"东方"和"西方"的二元对立完全消失的话,那么"我们就会在威尔士马克思主义文化批评家雷蒙德·威廉斯所谓的对'固有的支配模式'的'忘学'(unlearning)的过程中,稍微往前走几步"(Said 1978a:28)。

　　萨义德自己的认同建构工作巩固了《东方学》背后的激情。这本书的智识力量来自它对各种学科在特定连贯的话语限度内运作53的方式的充满灵感的、持续专注的分析,但这本书的文化的,也许甚至是情感的力量,则来自其"在世的"直接性,来自这一点:生产它的,是这样一个作家——他的认同部分地是为这种话语所建构的,并且他直到今天都还能感觉到东方学"知识"的影响。在智识辩论中,激情可能是一个令人困惑的、无反思的元素,而尽管激情无疑在很大程度上解释了《东方学》的流行,但是许多[因为这本书中的激情元素而]拒绝考虑这本书的在世性的批评家,也往往因此而限制了他们对这本书的意义的认识。比如说,这本书的一位阿拉伯评论者巴希姆·木萨拉姆(Basim Musallam)指出,一个充满敌意的批评家,学者迈克尔·鲁斯塔姆(Michael Rustum)"就是以一个自由人和一个自由社会的一员;一个说阿拉伯语的,还独立自治的奥斯曼国家的叙利亚公民的身份写作的"(Said 1995a:337)。但爱德华·萨义德"没有公认的认同",木萨拉姆说,"他的人民还在争论中。有可能,爱德华·萨义德和他那一代人立足的基础,并不比迈克尔·鲁斯塔姆的叙利亚的被毁灭的社会的残余更坚实,有可能他们依凭的只是记忆"。木萨拉姆指出关键的一点:"写这本书的不只是随便的一个'阿拉伯人',还是一个有特定的背景和经验的阿拉伯人。"(Musallam,引自 Said 1995a:337-8)

　　但要说萨义德的意图只是在维护一种(巴勒斯坦的)民族主义——这种民族主义将把他和其他被殖民的主体祛除到殖民化的经验和遗产外——的同时发泄自己的愤怒,那就太过于简化了。这样的立场,对他关于公共知识分子的"世俗"角色的看法来说是可恶的——在萨义德看来,公共知识分子是要开拓空间和跨越边界,努力"对权力说真话"的。萨义德接过弗朗茨·法农未完成的计划,从一种指责的政治,走向了一种解放的政治。然而,正如他已经指出的那样,尽管他发出了关于在他眼中他的作品将致力于什么——创造一种非强制性、非支配性和非本质主义的知识——的声明,但"更经常的情况却是"《东方学》"被认为是某种对次属地位——大地上受苦的人们回嘴了——的肯定,而不是一种对用知识来促进自己的权力的多元文化的批判"(Said 1995a:336)。

在《东方学》出版之前,"东方学"这个术语本身已经不是流行的用语了,但在 1970 年代末的时候,它又获得了充满活力的新生。现代东方研究的各门学科,尽管都很复杂,却都不可避免地被灌输了各种传统的对东方(特别是中东)的性质的再现,以及各种支撑东方学话语的假设。尽管萨义德也哀叹,有时人们对《东方学》的挪用过于恣意,但无疑,《东方学》的的确确对普遍而言的社会理论产生了巨大的影响。到 1995 年的时候,《东方学》已经变成一本出人意料地"废除"了它的作者的"集体的书"了(Said 1995a:300)。你还可以补充说,就对东方学策略的分析在识别帝国文化的各种特定的话语和文化操作上一直是有用的而言,《东方学》也是一本持续成长的书。因为这些分析主要处理的,是再现的意识形态性,以及权力的再现(尽管它们从性质上说是刻板的印象和夸张的描述)是怎样变成"真实的"和为人们所接受的再现的。

结　构

《东方学》分三个主要部分。在第一部分,萨义德确定了东方学广大和无定形的能力。它是一种已经存在了两个多世纪,一直持续到今天的话语。这一部分主要关注的是考察再现问题,以说明诸如"东方的专制主义、东方的性感、东方的生产方式和东方的辉煌"之类的多样观念的相似性(Said 1978a:47)。

这本书的第二部分是对"东方学的结构和重构"的阐述。在这里,萨义德着手做的,是确定 19 世纪的主要的语文学家、历史学家和作家是怎样利用一个允许他们在文本上建构和控制东方的知识传统的。这种对东方的建构和展现,服务于殖民的行政管理,而随后,后者也利用这种知识来建立一个统治系统。

第三部分是对"现代东方学"的检视。这一部分展示了,美国是怎样接受和改造英法东方学已经确立的遗产的。对萨义德来说,最能反映这点的,是这些遗产在美国外交政策中的表现。《东方学》是对这一问题的复杂表达:何以东方学的吸收能力,使它能够在受像实证主义、马克思主义和达尔文主义那样的思潮影响的同时,又不改变它的核心原则。

"东方学"这个术语源自"东方学家",传统上,"东方学家"与那些参与对东方的研究的人有关。"东方"这个术语本身,对不同的人有不同的意义。正如萨义德指出的那样,美国人把它和远东,主要是日本和中国关联起来,而对西欧人,特别是英国人和法国人来说,东方唤起的又是不同的意象。东方不只与欧洲比邻;"它还是欧洲最伟大、最富饶、最古老的殖民地所在的地方,是欧洲的文明和语言的来源,是欧洲的文化竞争者,也是欧洲内心最深处最常出现的他者意象之一"(Said 1978a:1)。

东方学无处不在的力量部分在于,它至少指以下三种不同的、相互依赖的追求:一门学术学科,一种思想风格和一种用来和东方打交道的全套的制度。作为一门学术学科,东方学是在 18 世纪晚期出现的,自那时起,它便集合了一个知识的档案库,这个档案库一直起到维持和强化西方对东方的再现的作用。东方学是"这样一门学科:人们通过它(在过去和现在都一样)系统地进入作为一个学习、发现和实践的话题的东方"(Said 1978a:73)。作为一种思

想风格,它"基于一种本体论和认识论的区分"(Said 1978a:2):东
方和西方。这个定义更广泛,可以把古希腊剧作家埃斯库罗斯
(Aeschylus, 524—455 BC)、中世纪意大利诗人但丁·阿利吉耶里
(Dante Alighieri, 1265—1335)、法国小说家维克托·雨果(Victor
Hugo, 1802—1885)和德国社会科学家和革命者卡尔·马克思
(Karl Marx, 1818—1883)等多样的作家群也涵盖进去。东方学的
第三个定义——东方学是一整套的制度——则展示了它作为一个
用来支配和核准东方的结构的无定形的能力。因此,东方学必然
与殖民主义密不可分。

　　萨义德阐述的这三个定义说明了,何以东方学是一张复杂的,
关于东方的再现的网络。头两个定义体现了对东方的文本创造,
第三个定义则说明了,东方学是怎样被用来行使对东方的权威和
支配的。这三个定义是互相关联的,特别是因为,第三个定义中涉
及的支配是要靠在文本上建立的东方来完成的,是要靠这个在文
本上建立的东方来正名的,而这个文本的东方,又出自东方学的学
术的和想象的定义。

认识论/本体论

认识论

　　认识论是关于知识的科学或哲学,它研究的是知识、经验和
信念的定义、变化、来源和限度。"我们能认识什么,我们怎样认
识它?"是认识论的核心问题。因此,认识论考察知识与信念之
间的关系或区分,以及理性与判断的相关功能。不过,抽象的认
识论问题错失了萨义德从福柯那里接受的核心观念,即"认识"
和权力是携手并进的。无论什么形式的知识或真理,都属于有
权力把自己版本的知识强加于他人的那个群体。

56

> **本体论**
>
> 　　关于存在的科学或哲学。本体论是形而上学的一个分支,它考察的是事物的实存或本质,生产的是一种关于什么实存的理论,或一个关于实存之物的清单。本体论提出的问题是这样的:存在是一种属性吗? 某物必然存在吗? 普遍存在和特殊存在中的存在有什么差别? 这些问题的特征和多样性说明了很多关于思考存在问题的文化背景,以及(作为结果)关于存在的哲学状态和人在那个文化世界中的位置的东西。

东方学的范围

　　萨义德的论证的核心在于知识与权力的关联,1910年首相阿瑟·贝尔福对英国占领埃及的辩护明确地展示了这点。当时,贝尔福宣告:"我们对埃及文明的认识,超过了我们对其他任何国家的认识"(Said 1978a：32)。对贝尔福来说,知识不仅意味着从起源开始全面概述一个文明,也意味着有能力那么做。"有这样程度的对[像埃及]这样的东西的认识,也就是支配它,对它有权威……因为我们知道它,而它在某种意义上,也像我们知道的那样存在着"(Said 1978a；32)。贝尔福的言论的前提,清晰地展示了知识和支配是怎样携手并进的:

> 　　英国知道埃及;埃及就是英国知道的那个样子;英国知道埃及不可能自治;英国通过占领埃及肯定了这点;对埃及人来说,埃及就是英国已经占领了的、现在治理着的那个样子;因此,外国的占领也就变成了当代埃及文明的"基础本身"。
>
> 　　　　　　　　　　　　　　　　　　　　　(Said 1978a：34)

但只看到东方学是殖民统治的合理化解释,就是忽视了这个事实,即殖民主义事先就在东方学那里得到了正名(Said 1978a:39)。世界的东西方之分已经酝酿了好几个世纪,它表达了一个根本的两分,而人们就是在这个两分的基础上和东方打交道的。但在这个两分中,只有一方有权力决定东方和西方的现实可能是什么样子的。因为关于东方的知识是从这种文化力量中生成出来的,所以"在某种意义上它创造了东方、东方人及其世界"(Said 1978a:40)。这一论断把我们直接引入了《东方学》的核心,结果,也让我们看到了它引起的大量争论的根源。对萨义德来说,东方和东方人是欧洲人借以认识他们的各色学科直接建构出来的。这看起来一方面把一个极其复杂的欧洲现象缩小为一个简单的、权力与帝国关系的问题,但另一方面又没有为东方的自我再现提供任何空间。

萨义德指出,东方学研究的剧增,在时间上与欧洲空前的扩张的时期契合:从 1815 年到 1914 年。他强调,通过把注意力集中在现代东方学的开端上,我们可以看到东方学的政治性质。而这个开端,不在于威廉·琼斯对语言学正统的扰乱,而在于 1798 年拿破仑对埃及的入侵,这一入侵"从许多角度来看,就是一个显然更强大的文化对另一个文化的真正科学的占有的模型本身"(Said 1978a:42)。但关键的事实是,东方学,就其所有的支流而言,开始对关于东方的思想强加限制。甚至像古斯塔夫·福楼拜、热拉尔·德·奈瓦尔或沃尔特·斯科特爵士那样厉害的、富有想象力的作家,在关于东方他们能经验到什么、能说什么上也受到了限制。因为"东方学说到底是一种对现实的政治想象,其结构是促进熟悉的(欧洲,西方,'我们')和陌生的(东方学的东方,世界的东方[1],'他们')之间的差异的"(Said 1978a:43)。它起到这样的作用,是因为东方学话语的智识成就服务于帝国权力的巨大的等级网络,并且本身也受制于这个网络。

话语出现的关键,是一个被称为"东方"的东西的想象的存在,这个"东方"是在萨义德所谓的"想象的地理学"中形成的,因为不是说我们可以发展出一门被称为"东方研究"的学科。很简单,东方这个观念存在是为了定义什么是欧洲的。"一个像西方和东方之分那样的大的区分,引出了其他更小的区分"(Said 1978a:58)而从希罗多德和亚历山大大帝以降的作家、旅行家、士兵、政治家的经验,则变成了"人们经验西方的透镜,它们塑造了东方与西方遭遇的语言、对此遭遇的认识以及遭遇的形式"(Said 1978a:58)。聚合这些经验的是一种共享的、对某种"他者的"、被命名为"东方"的东西的感觉。这个对东方学的二元性的分析,一直是这本书遭到的许多批评的来源,因为它看起来是在暗示存在一个欧洲或一个西方(一个"我们"),这个一元的欧洲或西方或"我们"建构了东方。但如果我们把这个同质化看作东方学话语,至少是含蓄地简化世界的方式,而不把它看作世界真实存在的方式;把它看作一种普遍的态度与形形色色的学科和智识分支关联的方式(尽管这些学科和智识分支的主题和操作模式都各不相同),那么,我们就可以理解到这种无处不在的思考和所谓的东方学的习惯的话语力量了。

我们可以通过剧场的比喻,来阐明我们理解这种二元的、刻板印象式的认识中的那个被称为"东方"的"他者"的方式。作为一个

---

1 为区分 Orient 和 East,我分别把它们译为"东方学的东方"和"世界的东方"。译文中不加限定修饰的"东方",一般都是 orient。——译者注

学识领域的东方学这个观念暗示着一个封闭的空间,而再现这个观念则是剧场式的:东方学的东方是一个舞台,而整个世界的东方就被限制在这个舞台上。

> 在这个舞台上将出现这样的人物,他们来自某个更大的整体,而他们的作用,正是代表/再现那个整体。因此,东方看起来不是一个在熟悉的欧洲世界之外的、无限的(地理)延伸,而毋宁说是一个封闭的场域,一个附着于欧洲的剧场舞台。
>
> （Said 1978a：63）

这样,特定的意象就再现/代表了一个若非如此就会弥散到不可想象的实体（Said 1978a：68）。他们也是符合特定典型特征（characteristics）的角色（characters）。因此,

> ［东方学］与巫术、神话学共享一个封闭系统的自给自足、自我强化的特点,在这个系统中,物之所以是其所是,是**因为**它们出于本体论的原因是其所是,在这一次如此,也永远如此,而这些本体论的原因,是任何经验材料都不可能改变和消除的。
>
> （Said 1978a：70）

想象的地理学给了为对东方的理解所特有的一套语汇、一种代表/再现性的话语以合法性,而这套语汇和话语,也就变成了人们认识东方的唯一方式。东方学因此也就变成了"彻底的现实主义"的一种形式,通过它,东方的一个面向被一个词或短语给固定了,"接着,这个词或短语也就被认为获得了现实,或者更简单地,它本身就是现实"（Said 1978a：72）。

59

萨义德的分析的焦点,是由他所看到的19世纪东方学的飞速发展和欧洲帝国主义支配的兴起之间的密切关联提供的。通过他赋予1798年拿破仑入侵埃及这个事件的重要性,我们可以看到他的分析的政治导向。尽管不是19世纪初席卷欧洲的东方学的开端,但拿破仑的计划,的确展示了学术知识和政治野心之间的最有意识的联姻。当然,1870年代印度总督瓦伦·黑斯廷斯做出的在梵法基础上组织印度的法院系统的决定,为帮助翻译梵文的威廉·琼斯的发现铺平了道路。这表明,任何种类的知识都是有位置的,其力量也来自它所处的政治现实。但拿破仑的战略——说服埃及人,他是代表伊斯兰而战的,而不是要反对伊斯兰——利用了法国学者所能搜罗的一切可用的、关于古兰与伊斯兰社会的知识,它全面地演示了知识的策略和战略力量。

在离开埃及后,拿破仑给他的副官克雷贝尔严格的指示:永远通过东方学家和他们可以争取到的伊斯兰的宗教领袖来管理埃及(Said 1978a:82)。根据萨义德,这次远征的后果是深刻的。"相当确切地说,占领引出了整个现代的对东方的经验:人们是从拿破仑在埃及建立的话语宇宙内部出发来诠释这种经验的。"(Said 1978a:87)萨义德说,在拿破仑之后,东方学的语言本身也发生了根本的变化。"它的描述性的现实主义升级了,在升级后,它不再只是一种再现风格,而变成了一种语言,也变成了一种创造的手段"(Said 1978a: 87),其象征是充满雄心的对苏伊士运河的建造。像这样的主张展示了,为什么萨义德的论证如此有说服力,以及为什么在1970年代的时候它能够抓住批评家们的想象。更细致的考察将揭示,最密集的东方学研究大多是在像德国那样几乎没有什么殖民地的国家展开的。更广泛的分析也会揭示,东方学领域出现了各种各样的再现风格。但拿破仑的远征给东方学家的工作指出了一个明确无误的方向,后者不但在欧洲和中东史上,也在世界史上留下了一笔还在持续传承的遗产。

从根本上说,东方学会有这样的力量和这样无与伦比的生产能力,是因为它强调文本性,它倾向于从先前写就的文本获得的知识的框架内介入现实。东方学是密集的多层次写作,这些写作号称要直接介入它们的对象,但事实上却是在回应先前的写作,在先前的写作的基础上建造。这种文本的态度一直延续至今,

> 如果巴勒斯坦的阿拉伯人反对以色列人的定居和对他们的土地的占领的话,那么,这不过是"伊斯兰的回归",或者说,就像一个著名的当代东方学家解释的那样,不过是伊斯兰的一个在 7 世纪时被奉为神圣的原则,即伊斯兰对非伊斯兰的人民的反对而已。

> (Said 1978a:107)

东方学的话语

我们最好从福柯的角度,把东方学看作一种话语:一种权力/知识的表现。萨义德说,在不把东方学当作一种话语来考察的情况下,我们不可能理解"后启蒙时期,欧洲文化借以在政治的、社会学的、军事的、意识形态的、科学的、想象的意义上管理——甚至是生产——东方的那套极为系统的规训"(Said 1978a:3)。

接着我们先前看到的话语概念(参见本书第 15 页)往后说,殖民话语是一个由关于殖民地和殖民地人民,关于殖民的列强,关于二者之间的关系,人们可以做出的陈述构成的系统。它是关于那个世界——殖民化的行动就是在这个世界中发生的——的知识和信念的系统。

尽管它是在殖民者的社会和文化中生成的,但它却变成了这样一种话语:被殖民者也会在这种话语内看待自己(就像在非洲人接受帝国对他们的看法,认为自己是"直觉的"和"感性的",并断定自己与"理性的"和"非感性的"欧洲人不同的时候)。至少,它也在被殖民者的意识中创造了一个深刻的冲突,因为它与其他关于世界的知识是冲突的。

作为一种话语,东方学被赋予了学院、制度和政府的权威;这个权威,把话语提高到一个重要的、尊贵的层级上;而话语因此而获得的重要性和特权,又保障了它与"真理"的等同。经过一段时间后,东方学学科创造的知识与现实生产出一种话语——而"真正为从它[东方学]那里生产出来的文本负责的,不是某位既定的作者的原创性,而是它的物质的在场或重量"(Said 1978a: 94)。萨义德认为,通过这种话语,西方的文化制度要为那些"他者"、东方人的[被]创造负责,而这些他者和东方与西方的差异,又帮助建立了欧洲赖以确立自己的认同的那个二元对立。支撑这一界分的,是东方和西方之间的那条"与其说是一个自然的事实不如说是一个人类生产的事实"的界线(Said 1985: 2)。处在对像"东方"那样的实体的建构核心的,是地理的想象。它要求维持严格的边界,以区分东方和西方。因此,通过这个过程,它们都获得了使那个区域"东方化"的能力。

当然,东方学的一个不可或缺的部分,是西方和东方之间的权力关系,在这个关系中,前者(即西方)占优势。这个权力和关于东方的知识的建构密切相关。它之所以会发生,是因为关于"臣属种族"或"东方人"的知识使对他们的管理变得容易和有利可图;"知识带来权力,更多的权力要求更多的知识,如此反复——信息与控制之间存在一种越来越有利可图的辩证"(Said 1978a: 36)。

东方学话语创造的、内嵌于东方学的关于东方的知识起到了建构一个次属于、服从于西方支配的东方和东方人的意象的作用。萨义德说，关于东方的知识，因为是力量生成的，所以也就在某种意义上创造了东方、东方人及其世界。

> 在克罗默和贝尔福的语言中，东方人被描述为某种你可以审判的(就像在法庭上那样)、你可以研究和描绘的(就像在学校的课程里那样)、你可以规训的(就像在学校或监狱里那样)、你可以配图说明的(就像在动物园手册里那样)的东西。要点在于，在每一种情况下，东方都被支配的框架给**控制**和**代表/再现**了。
>
> (Said 1978a:40)

创造作为"他者"的东方是必要的，这样，西方才可以通过调用这样一个对比项来定义自己，强化自己的认同。

东方学的再现不只得到了像人类学、历史学和语言学那样的学术学科的强化，也为"达尔文关于幸存与自然选择的论题"所强化(Said 1978a:227)。因此，从东方学的视角来看，对东方的研究，永远是从一个西方人或西方的视点出发的。根据萨义德，对西方人来说，

> 东方永远和西方的某一面相像，比如说，对一些德国浪漫主义者来说，印度的宗教本质上是日耳曼-基督教泛神论的东方版。而东方学家，则把这个——他永远在把东方从一个东西转化为另一个东西——当作了自己的工作：他为他自己，为了他自己的文化而做这个工作。

（Said 1978a：67）

这种对东方的编码,以及对东方与西方的比较,最终确保了这点:东方的文化和视角被看作一种偏差、一种变态,并因此而获得一个低劣的地位。

东方学话语的一个本质特征是东方和东方人的客体化。它们都被当作可被审视和理解的客体来对待,而这个客体化,在"东方"这个术语中就得到了确认——"东方"包含一整个地理区域和一大批人口,比欧洲大许多倍,也比欧洲多样许多倍。这样的客体化引出了这样一个假设:东方本质上是铁板一块的,它的历史是静止不变的;而实际上,东方却是动态的,它的历史也是活跃的。此外,东方和东方人也被视为被动的、无参与的研究对象。

不过,就西方的知识总会不可避免地引出政治的意义而言,这种建构也有一个独特的政治维度。在东方研究的兴起和西方帝国主义的崛起那里,这点得到了最好的例示。19 世纪印度或埃及的英国人对那些被他们发现的、沦为英国殖民地的国家发生了兴趣。萨义德指出,这看起来可能"和说所有关于印度和埃及的学术知识在某种程度上都受到了恶心的政治事实的沾染、印刻和侵犯"截然不同,"但这就是我在这本对东方学的研究中要说的事情"(Said 1978a：11)。萨义德之所以能这么说,是因为他坚信,这种话语是在世的:"任何人文科学中的知识生产都不可能忽视或否认其作者作为一个人类主体对他自己的境遇的参与。"(Said 1978a：11)。学术知识被政治和军事力量"沾染"、"印刻"和"侵犯"这个观念不是说,像德尼斯·波特(Dennis Porter 1983)指出的那样,东方学话语的霸权影响不是通过"同意"来运作的。相反,它说的是,在殖民主义的语境中,看起来在道德上持中立态度的对知识的追求,实际上充满了帝国主义的意识形态假设。"知识"永远是一个再现的问题,而再现又是一个给意识形态概念以具体形式,使特定能指表示特定所指的过程。支撑这些再现的权力,与政治力量的运作是分不开的,即便它是一种不同的权力,一种更微妙、更具穿透性,也更不可见的权力。

因此,权力的不平衡,不仅存在于帝国主义的最明显的特征,存在于它的"野蛮的政治的、经济的和军事的基本原理"(Said 1978a:12)中,也最为霸权地存在于它的文化话语中。我们可以在文化领域中识别被用来宣传帝国主义目标的支配霸权的东方学研究计划。因此,萨义德的方法论是内嵌于他所谓的"文本主义"的,"文本主义"允许他把东方设想为一个文本的创造。在东方学的话语中,文本的认属迫使它把西方生产为一个区别于作为知识的客体的,以及不可避免地从属的"他者"的权力的场所和中心。东方学文本的隐藏的政治功能,是它的在世性的一个特征,而萨义德的计划,就是把注意力集中在东方作为一个文本建构的建立过程上。他对分析隐藏在东方学文本中的东西不感兴趣,他感兴趣的是展示东方学家是怎样"使东方说话,描述东方,为西方、对西方说明它的神秘"的(Said 1978a:20-1)。

再现问题是理解话语——知识总是在话语中建构——的关键,因为萨义德说,真实的再现可不可能都是成问题的(Said 1978a:272)。如果所有的再现都内嵌于再现者的语言、文化和制度的话,"那么我们必须做好接受这个事实的准备,那就是,再现本身(eo ipso)就是和除'真理'外的许多其他东西牵连、交缠、嵌套、交织在一起的,所谓的'真理'本身也是一种再现"(Said 1978a:272)。那种信念——相信像我们在书中发现的那样的再现,是与真实的世界对应的——就是萨义德所谓的"文本的态度"。他指出,法国哲

64

学家伏尔泰(Voltaire，1694—1778)在《赣第德》和西班牙小说家塞万提斯(Cervantes，1547—1616)在《唐吉诃德》中讽刺的，正是这样的假设："我们可以在书本——文本——说的东西的基础上理解生活中蜂拥而来的、不可预期的、难题性的混乱，而人类就是在这样的混乱中生活的。"(Said 1978a：93)这确切来说，正是在人们以为东方学的文本意指、再现真理时发生的事情：东方被迫沉默，它的现实被东方学家揭露。因为东方学的文本提供了一种对一个遥远和异域的现实的熟悉甚至是亲近，所以，这些文本本身被赋予极高的地位，并获得了比它们试图描述的客体更大的重要性。萨义德认为"这样的文本不但能够创造知识，还能够创造它们看似在描述的现实"(Said 1978a：94)。结果，考虑到东方人自己是被禁止说话的，所以，创造和描述东方之现实的，就是这些文本。

东方学的最新阶段，与美国取代法国和英国在世界舞台上的地位相应。尽管权力的中心发生了转移，东方学的策略也随之而发生了变化，但是，东方学的话语，在它的三个一般模型中一直是稳固的。在这个阶段，阿拉伯穆斯林已经占据了美国流行意象中、社会科学中的核心位置。萨义德认为，这在很大程度上是因为"流行的反闪族(anti-Semitic)的敌意从犹太人转移到了阿拉伯人头上……因为这个形象本质上是一样的"(Said 1978a：286)。第二次世界大战后社会科学的主导地位意味着，东方学的衣钵传到了社会科学那里。这些社会科学家确保这个区域"在概念上被削弱、简化为各种'态度'、'趋势'、数据：简言之，使之非人化"(Said 1978a：291)。因此，东方学，在它的几个不同的阶段，都是一种通过数代学者和作家(这些学者和作家一直享有他们"高[东方]人一等"的智慧带来的权力)积累的知识，来建构"东方"的欧洲中心的话语。

萨义德的意图不仅是记录东方学的过度(尽管在这方面他做

得非常成功），也是强调对一种替代性的、更好的学术的需要。他认识到，也有许多个体的学者在参与这样的知识的生产。但他关心的是东方学的"行会传统"，这个传统有能力腐蚀大多数学者。他敦促人们在与东方学的支配的斗争中持续保持警惕。对萨义德来说，答案是"对再现、研究他者、种族思想、不加思考和批判地接受权威和权威的观念、知识分子的社会-政治角色、怀疑的批判意识的巨大价值涉及的东西保持敏感"（Said 1978a：327）。在这里，知识分子的最高义务，是抵抗那些隐含在东方学话语传统中的东西的"神学"立场的诱惑，强调对权力说真话、质疑和反对的"世俗"欲望。

萨义德、福柯和抵抗问题

那种指控——认为萨义德尽管对西方的话语进行了不认可的分析，但他却没有任何抵抗的理论（Young 1990；Ahmad 1992）——经常出自这样的看法：萨义德错误地挪用了福柯。尽管萨义德显然受教于福柯，但他和福柯还是有一些重要的分歧点。最重要的是，萨义德在这点上是对福柯不满意的：在他看来，福柯的作品和普遍而言的后结构主义话语中缺少政治上的投入。尤其是，萨义德指出，福柯"采取了一种被动而刻板得奇怪的看法——与其说在权力的使用上，而毋宁说在权力如何以及为何被获得、使用和抓住不放这个问题上"（Said 1983：221）。萨义德说，在试图避免那种认为权力是"无中介的支配"的粗糙想法的同时，福柯"或多或少地消解了依然支持着现代社会的对立势力的辩证这个最重要的辩证"。萨义德对福柯的不满，在于这样一种徘徊不去的感觉：他觉得，与致力于试图改变社会中的权力关系相反，福柯好像更着迷于权力运作的方式（Said 1983：221）。福柯对权力的构想——权力是某种在社会的一切层面上运作的东西——没有为抵抗留出任何空间。萨义德认为福柯的这种"构想在自己周围画了一个圈,设立了一片独一无二的领土,而福柯则把自己,把他人和自己一起囚禁在这片领土中"(Said 1983:245)。相反,萨义德的意图则不是被捕获,而是表达抵抗和重新创造的潜能。这个意图也隐含在强调权力与知识的关系的《东方学》中。

66

米歇尔·福柯(1926—1984)

　　哲学家,出生于法国普瓦蒂埃。曾在多所法国大学教书,最终担任法兰西学院思想体系史教授这一显赫职位(1970)。福柯展示了一般被认为是关于人性和社会的永恒真理的基本观念是怎样在历史的过程中变动的。福柯把自己的实践称为"考古学",他展示了**认识型**(épistémés)或者话语形构是怎样决定在一个既定的时代人们经验世界的方式的。他探索了社会内部的权力模型的变形,以及权力与自我关联的方式。他说,权力就位于在一切层面上运作的策略中:我们不能把这些策略简化为国家或统治阶级。他声称,与单纯地强制相反,权力也是生产性的——特别是,权力能够生产知识——它不是简单地由处于支配地位的人和支配的制度来行使的,相反,它是散布于整个社会的。

对萨义德来说,东方学家的力量在于他们对东方的"认识",这个认识本身就构成了权力,但它也是权力的一种演练。因此,对他来说,抵抗是双重的:一是要认识东方学话语之外的东方,二是要对东方学家再现和呈现这种知识——对他们逆写回去。之所以会这样,是因为看起来,萨义德写到的东方学家没有一个有把"东方人"当作自己的读者的意图。"东方学话语,其内部的连贯和严格的程序,都是为西方都会的读者和消费者设计的"(Said 1995a：336)。他因而在偷听东方学家的话、不请自来地加入他们的讨论中找到了特别的乐趣(Said 1995a：336)。

不过,萨义德逆写的,也不是一个只有东方人才有能力讲述的关于东方的"本真的"故事。相反,他是在揭露本真性的谬误。根本就不存在什么"真实的"东方,因为

> "东方"本身就是一个被设立的实体,而那种认为存在"东方"这样的地理空间,那里有土生土长的、在种族上和西方"不同"的居民,而我们可以在某种为那个地理空间所固有的宗教、文化或种族本质的基础上定义他们的观念,也同样是一种极具争议性的想法。
>
> (Said 1978a：322)

因此,指出这点是重要的:萨义德的非强制性的知识是一种与《东方学》内话语分析的部署相反的知识。尽管他在方法论上明显地受教于福柯,但他也保持了距离,并顾及了作者的创造性。因此,尽管被指控错误地挪用了福柯(Clifford 1988；Young 1990；Ahmad 1992),萨义德还是坚持,《东方学》的理论上的不一致是故意的:"我不想让福柯的方法,或任何人的方法凌驾于我试图提出的问题之上"(Salusinszky 1987：137)。但甚至比这更明确的是,在书的末尾,萨义德还得出了一个"有意反福柯的"(Salusinszky 1987：137)、非强制性的知识的概念。

这种萨义德式的抵抗策略是以运用自己的批判意识反对帝国的话语,并批判地介入"使知识成为可能的内在条件(intrinsic condition)"(Said 1983：182)的知识分子为前提的。对萨义德来

说,批判的意识的定位,就在于挑战主流文化的霸权性质和"系统方法的主权"(Said 1978b:673)。萨义德认为,通过采用这个视角,批评家得以以两种方式来和文本打交道——通过描述文本中有的东西,以及文本中不可见的东西。他关于当代批判意识的想法肯定了能动性的空间,因为批判的意识摆脱了主流文化,采取了一个负责任的对立的立场,然后开始"说明、理性地发现与认识文本中陈述的力量"(Said 1978b:713)。发展批判意识,是萨义德的抵抗策略的核心。

对《东方学》的批判

坚持把东方学看作一种话语,也就是给它一个焦点。聚焦于一点,也就是在其他地方开启了空白的缺口。把东方学的开端放到拿破仑入侵埃及那么晚的时候,而非18世纪欧洲人对印欧语言兴趣高涨的时候,这个设定是更有利于萨义德展示话语中的欧洲权力的。但他在很大程度上忽视了东方学的德国学派,及其对这个领域的重大影响,因为在东方,德国并不是一个重要的殖民国家;他也没有提到许多东方学家的那种强烈的感受——他们认为在某些方面,东方文化比西方更优越——或那种普遍认为东方学研究实际上可能打破东西方之间的界限的感觉。而且,萨义德对话语概念的使用(他已经承认是片面的了)更强调支配与权力,而非文化的互动。

出于这些原因和许多别的原因,《东方学》立刻激起了,并在现在也还在持续引发来自多个领域的敌意程度不一的回应。这些批评的劲头及其来源之广泛揭示了这本书的影响是多么深远。但这些批评的性质,总是倾向于肯定萨义德关于学院里的智识工作的萎缩性质——它的"神学的"和排除性的专业化,它的学科限制,它谨小慎微、退出其主题所涉及的人类现实的倾向——的主张。因为《东方学》虽然视野宏大，却是一部"业余爱好者"的作品，它演示了萨义德如此青睐的那种智识努力的进路。说它是一部业余爱好者的作品看起来有些矛盾和贬低，但这个术语的效果，向我们展示了学院专业化和"真理"之间的那种建构出来的关联已经变得多么强大。在1992年迈克尔·斯普林格做的一次访谈中，萨义德有力地回应了那种认为他在攻击所有东方学家和他们所做的一切的指控。"那完全是对我的论证的歪曲。我说的是，小东方学家之所以能够做他们在狭义的政治方面做的那些事情，部分地是因为他们身后有一个传统和一股强大的社会力量的资源，也因为那个工作本身是有趣的。"(Said 2001：151)

这本书揭露不义的迫切架势，及其对学科边界的大肆忽视，引出了各种倾向于肯定萨义德所谓的"世俗主义的分析"的不可接受性和边缘性的批评。对历史学家来说，他是非历史的；对社会科学家来说，他混用理论；对学者来说，他不够学术；对文学理论家来说，他无反思亦无分析；对福柯的门徒来说，他滥用福柯；对专业的马克思主义者来说，他反革命；对专业的保守主义者来说，他是恐怖分子。三十年来，《东方学》引发的回应，一直倾向于揭示等着伏击身为"业余爱好者"的公共知识分子的是什么。不过，因为来自每个学科的攻击都肯定了它自己的认识论基础的权威，所以，这样的攻击也提供了真理与权力互相渗透的又一个例子：在建构它的权威——它的制度基础的权威——得到证明之前，"真理"是不可能被陈述的。

这些批评也是围绕萨义德的认同的矛盾性质，以及围绕再现本身的性质展开的。因为许多（如果还不是多数的话）批评都是敏锐的、发人深省的，而几乎所有的批评从它们自己的角度来看都是 69

有效的。但没有一种批评能够声称,它的权威是如此绝对,以至于它成功地从根本上削弱了《东方学》的效力。之所以会这样,部分是因为,《东方学》这个文本是逆着那些学科权威的假设(而许多对《东方学》的批评就是在这样的假设的基础上提出的)写回去的。"东方人的"经验的不可否认的现实,以及《东方学》的在世性本身,使它持续地躲过了它的批评者的学科和认识论的假设。说到底,《东方学》——这个文本花了很大的力气来暴露东方学文本本身的各种认属关系和它们的在世性——的在世性,变成了它的智识与批判能量的来源。这个文本不是从某个抽象的理论立场,而是从一种"东方化的"经验的持续现实出发对读者说话这个事实,解释了《东方学》在它受到的持续抨击面前表现出来的韧性。

"恐怖的教授"

为右翼刊物《评论》撰稿的爱德华·亚历山大,提供了对《东方学》敌意最盛的回应的一个例子,他指出,萨义德作为约瑟夫·康拉德专家和一个写过许多关于这位小说家的东西的学者,是这样一个人,"他对现代政治生活的深刻洞察,碰巧与恐怖对知识分子的特别吸引力有关"(Alexander 1989:49)。亚历山大把萨义德比作康拉德的小说《秘密特工》(*The Secret Agent*, 1906)里的一个角色。这部小说描述了一个用思想"爱抚破坏与毁灭意象"的教授的"迂腐的狂信"。他还分析了另一个(没有取得终身教职的)知识分子的渴望:那个知识分子渴望创造"一帮毫无保留地坚持在手段的选择上抛弃一切顾虑",以"为全人类而死"为主要手段的人(Alexander 1989:49-50)。亚历山大的论证在很大程度上依赖于对萨义德的歪曲,从它揭示了萨义德和他的批评者之间的交流的敌意可能有多大的角度来看待他的论证,要比从它有没有对萨义德的立场构成深刻的批判的角度来看更有趣。

这种对《东方学》的夸张描述，也代表了美国社会中一些对萨义德本人的攻击和敌意，并且，其反应的极端性和毫不掩饰的歇斯底里也很有趣。这样的攻击反而强烈地证明了萨义德关于当代东方学的主张：美国的种族和政治排外的所有妖魔化的恐怖，已经被全部投注到阿拉伯人身上了。有趣的是，这样的刻板印象是以非常微妙的方式，进入普遍而言的公共辩论和具体而言的学院话语的。尽管亚历山大的攻击不代表对这本书本身的普遍态度，但它却使我们得以窥见，何以在文化的话语中关于"自我"和"他者"的刻板印象倾向于走向极端。

70

区域研究

从中心组织的、主要来自东方学和区域研究领域的批判也引出了大量的评论，这些评论有许多是积极有益的，但也有相当一部分是怀有敌意的，还有一些直接就是谩骂（Said 1985：1）。萨义德提到的敌意，在德尼斯·波特和伯纳德·刘易斯的作品中得到了最好的例示。波特依据一种非历史的、前后矛盾的叙事来拒斥萨义德的论题（Porter 1983），而刘易斯则提出了对萨义德的最恶毒的攻击之一。也许，考虑到萨义德把刘易斯对伊斯兰的研究当作当代东方学的一个明确的例子来处理（他说刘易斯的研究尽管在微妙和反讽上做出了各种各样的努力，却依然充满了侵略性的意识形态，并且支撑刘易斯的研究的是"一种以虚薄的温文尔雅为掩饰的，与刘易斯号称坚持的'科学'和学问几乎没有什么共同之处的狂热"［Said 1985：13］），刘易斯会做出那样的反应也就不奇怪了。萨义德说，对任何熟悉东方学的历史的人来说，这都不是什么奇怪的事情：他说，"事实证明"，大多数来自专业东方学家的的批评"和刘易斯的批评一样,不过是对一个遭到粗鲁闯入者侵犯的独立王国的陈腐描述而已"(Said 1995a:346),这也不足为奇。

反过来,刘易斯则把《东方学》描述为一个近乎"荒谬"的"虚假"论题。而且,他认为,《东方学》揭露了"一种令人不安的对学者在做什么、学术在研究什么的无知"(Lewis 1982a, 1982b)。刘易斯质疑萨义德的专业资格(就他拥有的学位而言)和他谈论伊斯兰的能力、他关于阿拉伯史和东方学学科的知识。对作为"专业主义的"学院学术的一个代表的刘易斯来说,萨义德的"业余主义"与其说是一种解放的力量,不如说是一个不可原谅的失败。关键的是,刘易斯在实质上忽视了萨义德对东方学家的实践提出的具体的批评。

71　　　根据萨义德,像刘易斯和丹尼尔·派普斯那样的东方学者之所以在对他的攻击中持续再生产这样的再现,是因为这些攻击乃是"出自19世纪的这样一种认识,即东方人对东方学家的断言做出回应是荒唐的"。萨义德把他最大的轻蔑留给了像刘易斯那样的当代东方学家,"再不节制的反智人士,再没有批判的自我意识的人,都没有伯纳德·刘易斯那样的冲天自信"(Said 1985:6)。简言之,萨义德再次力图说明东方学的持久遗产、它的当代表现,还有它在论战和政治上的投入。需要强调的是,学院里的东方研究,还不是东方学的全部。主要来自学界的批评,及萨义德对这些批评的回应,都倾向于不必要地缩小争论的领域。

福柯的关联:方法论的批评

萨义德对福柯的使用这个问题一直是各种甚至截然对立的对东方学的批评的焦点。比如说,德尼斯·波特就认为,对话语概念的使用提出了各种严重的方法论难题——特别是就萨义德处理真理与意识形态问题的方式而言。波特说,一方面,萨义德认为,因为东方说到底是一个建构出来的东西,所以,所有关于东方的知识都沾染了权力。而另一方面,萨义德看起来又在暗示,可能存在一个可认识的、真实的东方,并存在一种可企及的、关于那个真实的东方的对应的真理。对波特来说,在萨义德的作品中,知识与意识形态之间的这种纠结一直没有得到解决。的确,这个对一个不言而喻的"真实的"东方的假设,是这本书最经常遭到诟病的地方,尽管萨义德反复做过否认这个假设的声明。

波特说,如果在"不存在一个可认识的东方"这点上萨义德是正确的,那么"这种或那种形式的东方学,就不仅是我们现有的,也是我们能有的一切了"(Porter 1983:151)。他把《东方学》中的理论张力,追溯到萨义德试图结合葛兰西和福柯那里的两种不同的理论立场的方式上。而萨义德所谓的对福柯的错误挪用,则可以被追溯到他力图把像亚历山大大帝、卡尔·马克思和吉米·卡特这样多样的形象装进一种单一的话语的方式。在波特看来,这样的主张"看起来在把历史变成了无稽之谈的同时,又参照帝国的权力/知识来调用历史"(Porter 1983:152)。相反,据称,福柯并没有参与这样的粗鲁行为。对福柯来说,话语是有历史根基的,那就是不同时代之间的认识论的断裂。

因此,萨义德意义上的东方学话语,是不能为过去的东方学提供选项的。结合葛兰西使用霸权概念(见本书第41页)的方式来看,这就使反霸权也变得不可能了。于是,内在于东方学话语本身的抵抗能力被抵消了,这就是波特不满意的地方。他认为,甚至在萨义德赞美个别没有落入东方学的陷阱的学者的时候,"他也没有展示何以在既定的支配的霸权形构中,能够出现这样一种替代性的话语"(Porter 1983:153)。

72

这个矛盾,以及萨义德没有把霸权看作一个通过同意而非武力出现的过程这点,使波特提出了三个萨义德建构的东方学话语的替代选项。第一,东方学文本是异质的而不是同质的。第二,西方传统中也可能存在另类的写作。第三,思考不引进知识和权力关系的东西方之间的文本对话是可能的。波特用旅行文学中的例子来展示,在东方学内部,也存在反霸权的声音,这些声音在不同的历史节点上以不同的方式表达自己。他用来证明他的论题的两部著作是萨义德本人也提到过的:马可·波罗的《游记》和 T.E.劳伦斯(阿拉伯的劳伦斯)的《智慧七柱》。波特主要的论点是,这两位作家都使萨义德的主张——在东方学话语中存在一个统一的西方传统——变得成问题了。他把自己对萨义德的反对总结如下:

> 说到底,提出东方学话语的替代方案,也不难解释。首先,因为他忽视了话语理论和葛兰西的霸权之间的潜在矛盾,所以他也就未能充分地对他引用和总结的文本进行历史的思考……其次,因为他没有区分文学的实例和意识形态更通透的文本形式,所以,他也就没有认识到美学作品的半自主性和多因素决定性。最后,他没有展示何以文学文本能够在其作用中,与它们看起来正在再生产的意识形态保持距离。
>
> (Porter 1983:160)

波特的批判的关键在于,他看起来不能接受萨义德关于知识分子的功能(反对)的看法的前提。要让批判有效,异见的声音、(对东方学或其他任何霸权话语的)批判并不需要提出替代方案。萨义德提出的"替代方案"一直隐含在他对知识分子角色的关注,以及他关于智识异见的策略的讨论中。的确,使萨义德的批评充满说服力的,恰恰是他为了说明偏见和刻板印象怎样进入本应是学术的、历史的和经验的东方学文本而反复举的那些例子。可能,所有的再现都是间接的,但《东方学》的直接论断依然是:权力决定了哪些再现可以被接受为"真的";东方学文本的所谓的"真理性",要归功于它们在话语中的位置;以及,这种情景既出自一个全球性的帝国支配结构,又再次肯定了这个结构。霸权无须是铁板一块的。高里·维斯瓦纳坦(Gauri Viswanathan)对英国文学学科在印度的用途——它被当作一种社会-政治控制的话语来使用——的分析(1987)就非常清晰地表明,霸权的话语可以跟公开的社会抵抗的行动与话语在同一个舞台上运作和生效。

近来,对萨义德所谓的"福柯式的"立场的最猛烈的攻击,是阿伊贾兹·艾哈迈德(Aijaz Ahmad)在他的书《理论中的各种阶级、民族、文学》(In Theory: Classes, Nations, Literatures, 1992)。艾哈迈德把《东方学》放到他所谓的左翼在右翼的全球攻势面前大后退的语境中讨论。他花了很大力气来展示,关于东方学是一个再现的系统还是一个错误再现的系统,萨义德前后矛盾。而且,艾哈迈德还认为,萨义德的立场仅仅表明:"再现和错误再现之间的界限往往非常模糊。"(Ahmad 1992:164)要点在于,他认为,萨义德通过福柯接受了一种与马克思主义的立场直接相对的尼采式的立场:从尼采式的立场来看,要做出"真的"陈述是不可能的,而马克思主义的立场则考虑到了这样的可能性。艾哈迈德指控萨义德把自己认属于一种新的,质疑"事实的事实性本身"的历史写作。

显然,艾哈迈德不满的是话语概念本身。再现和错误再现之间的界限在哪里呢? 在某种意义上,所有的再现都是一种错误再现。一切"真的"再现,都是获得了文化上和政治上的权威的再现。对"事实的事实性"来说也如此,这些事实也都是在特定话语中被当作事实的再现而已。但有趣的是,艾哈迈德比自己意识到的更接近萨义德。这不是说,在对东方的再现之外、在超出那个再现的某个地方,存在一个"真实的"东方;而是说,必须把殖民经验的物质迫切性(material urgency)——或者说,被殖民者对他们自己经验的再现——也考虑进去。经验的物质性和认同的建构性之间的这种张力,构成了萨义德作品中最关键的问题之一,就像在所有种类的政治话语中一样。在波特等人批评他暗示存在一个真实的东方的同时,艾哈迈德又批评他未曾提及一个足够真实的东方。

对艾哈迈德来说,在一本饱受左翼文化理论家赞誉的书中,这个失败是说不过去的。但关于《东方学》,特别让他感到不安的却是:它诉诸第三世界主义的民族主义的极端形式。这是一个选择性的记忆的过程,在这个过程中,第三世界主义的民族主义者们在试图确立东方学贬低东方人的权力这个更大的恶的时候,忽视了东方的主体采取的行动,比如说分治时的暴力。说萨义德应该为别人对他的书的诠释和使用(这些诠释和使用已经让他感到失望和愤怒了)负责,听起来有些不公平。但更甚于此的,让身为马克思主义者的艾哈迈德不高兴的是:他发现,马克思主义本身也可以被简化为东方学的产物和殖民主义的帮凶。这就否定了一直以来马克思主义起到的作为边陲地区抵抗场所的作用。

马克思主义

各种形式的马克思主义都基于这样一个信念,即,一个社会中的所有政治、文化和意识形态的实践与价值,都是生活的社会-经济条件带来的后果。所有重要的历史事件的终极原因和巨大推动力,都在于社会的经济发展、生产方式和交换方式的变化,以及随后出现的社会的阶级分化和这些阶级的相互斗争。社会的主流意识形态是统治阶级为其自身利益而维持的,统治阶级在工人阶级那里制造了关于真实的经济压迫状态的"虚假意识",工人必须与这个虚假意识作斗争。关于欧洲之外的社会马克思说的不多,但列宁认为,帝国主义是资本主义社会经济停滞的产物。尽管把种族、文化和政治的问题都简化成了经济的问题,但是马克思主义——特别是就其阶级斗争概念而言——一直在全世界的反殖民抵抗中起重要作用。

在艾哈迈德看来,《东方学》被抬高到"经典"的地位,与它"在大学知识界那部分要么出身于族群少数,要么在意识形态上认属于学界里的这些少数的人那里"(Ahmad 1992:166)取得的显赫地位是分不开的。通过这个联系,他就能够同时驳斥殖民话语分析和后殖民理论了(见本书第 15 页)。他声称,这些东西是第三世界移民搞出来的,而这些移民本身就是他们自己国家的特权阶级。对这些人来说,马克思主义的一个替代选项就是东方学,而在东方学中最重要的一点是,种族问题变得优先于性别和阶级了。这就允许艾哈迈德断言:"如今,殖民主义不但要为它自己的暴行负责,还要——足够方便地——为我们自己负责了。"(Ahmad 1992:167)简言之,令艾哈迈德感到不安的是,像萨义德、斯皮瓦克和拉什迪这样的人物在西方占据的特权位置,以及他们用这些位置来对他们的边缘性进行理论思考的方式。

罗伯特·扬(Robert Young)在《白色神话学》(*White Mythologies*, 1990)中提供了一个关于萨义德作品中的方法论问题的说明。他指出,一直以来,对《东方学》的一大反对在于它没有对它着手批判的现象提出任何的替代方案。扬承认,因为萨义德把东方看作一种建构,所以,他也就不觉得有必要回应这样的批评。

然而,这并没有解决萨义德的另一个难题,那就是,他是怎样使自己脱离那个"他描述的强制性的知识结构"的(Young 1990：127)。也正是出于这个原因,据说,萨义德也落入了它试图暴露的那个陷阱。因此,对扬来说,"萨义德的叙述之于东方学,不比东方学之于实际的东方——假设真有这样的东西存在的话——更真实"(Young 1990：128)。

为展示萨义德的前后矛盾,扬认为,《东方学》分两部分。第一部分力图演示作为一个再现之建构的东方的发明;第二部分则力图展示,这个知识系统和各种再现的形式是如何为殖民权力服务的。他指出,萨义德试图通过结合他所谓的东方学的两种形式来协调这两个立场。东方学的一种形式内嵌于建构了东方的经典的学术研究,而另一种形式,则是旅行家、朝圣者和政治家表达的东方。尽管二者之间存在张力,但它们却以同一种形式与殖民化结合。因此,扬认为"尽管萨义德想论证东方学是一个霸权的连贯体,但他自己对它的再现却变得越来越冲突不断"(Young 1990：130)。

扬认为,萨义德的基本论题是指出东方学的反人文主义性质。不过,对他来说,成问题的是萨义德为反对东方学对东方的再现,而从西方人文主义传统那里挪用人的观念的方式。这就使他认为,萨义德的作品和东方学的立场危险地接近,他问道:"又有哪种形式的知识,包括《东方学》本身,能够逃脱东方学批判呢?"

詹姆斯·克利福德提出了两组关于《东方学》的补充问题。首先,批评应该力图为像东方这样在文化上被生产出来的意象提供一种反-叙事吗?其次,对东方学的批判怎样才能避免落入"西方学"的圈套?克利福德指出了所有形式的知识和再现在处理一个群体或社会的他者时扮演的角色。他问,逃避东方学参与非人化、错误再现和贬低其他文化的套路是否可能？他认为,在萨义德的作品中,并无东方学的替代方案,所以,他的攻击是牢牢地植根于出自"西方人类学的各人文学科"的价值的(Clifford 1988:261)。这个人文主义的、反对的批评的立场,是一种"总体化的西方自由主义发明的特权"(Clifford 1988:263)。在这里,克利福德指出了萨义德作品中持续存在的一个矛盾,那就是:用属于西方理论传统的工具来批判那个传统。然而,应该指出的是,这个挪用主流的形式和文化话语的过程,是后殖民反对性(oppositionality)的一个共同特征。因此,人们不由得要怀疑,这个策略,是不是与萨义德揭露的东方学代表东方说话的过程自相矛盾?

克利福德对此感到不安:在《东方学》中,并没有一种得到充分发展的文化理论。在他看来,萨义德关于文化的作品也是霸权的和规训的,本身就是高级的欧洲文化的形式——结果,萨义德的作品是"无意义的,因为它们越过了表达个人经验的、地方文化的符码"(Clifford 1988:263)。克利福德认为,萨义德错误地挪用了福柯——特别是通过萨义德的人文主义——而这种误用,反过来又意味着,《东方学》内部存在重大的理论上的不一致。萨义德的多重认同(他既是生活在美国的巴勒斯坦人,又是一个这样的反对的批评家:他利用的文化工具恰恰是他力图批评的文化工具)对克利福德来说,持续地引出各种各样的难题。"现代的作家又从什么各成一套的文化资源来建构她或他的话语的呢?"他问道(Clifford 1988:276)。"这些话语在最普遍的情况下面对的是什么世界的受众(它们用的又是什么语言)?知识分子(至少,在有文化的全球情景中)都必须通过像塞泽尔的《返乡笔记》那样的写作来建构一个本土吗?"(Clifford 1988:276)在某个角度上,克利福德的问题正中萨义德作品的靶心。个体是怎样建构自己的文化认同的?他们是怎样为自己建构一个祖国的?这正是萨义德作为一位文化批评家的迷人之处。他的暧昧立场、他穿过的诸多矛盾和他在自己的文化认同中创造的各种张力揭示了,在现代的后殖民世界,建构一个人的认同是多么复杂的一个过程。

迈克尔·达顿和彼得·威廉斯(Michael Dutton and Peter Williams 1993)则提供了一个对萨义德在《东方学》中做的工作的理论基础的极为详尽的说明。他们主要反对的,是萨义德在理论上的不一致。他们也提出了经常被反复提出的那种批评,说萨义德对福柯的用法是矛盾的,说他未能坚持那种方法论。他们指出,萨义德给作者及其对文学读写实践的"定价"(valorisation)的特权,与福柯所看到的话语运作的方式不兼容。这就带来了这样的后果:"对权力与知识的不平等的抵抗的程度和范围"都缩小了(Dutton and Williams 1993:325)。简言之,对他们来说,要是萨义德更忠于福柯的话,他就更有能力避开波特、艾哈迈德、扬和克利福德指出的那些陷阱了。

莫纳·阿巴扎和格奥尔格·施陶特(Mona Abaza and Georg Stauth 1990)已经指出,尽管在1960—1970年代对经典东方学的批判就已经得到了相当的注意,但直到萨义德的《东方学》出现,东方学才成为一个主要的跨文化研究领域。不过,他们认为,萨义德的方法论是"简化主义的"(Abaza and Stauth 1990:210),它假设话语是某种从当权者通向弱者的单行道。这意味着,萨义德否定了"有生产力的文化交流的悠久历史"。而且,萨义德的这个框架还被社会学家、人类学家和女性主义者挪用了,这些人用这个框架来区分其他文化的本质和现实。这个趋势,就是他们所谓的"走向本土",有点像阿兹姆(al-Azm 1981)所说的那种反向的东方学。

阿巴扎和施陶特自己的简化主义则意味着,他们不觉得把这样另类的研究方法简单地压缩为一种对伊斯兰的基要主义的辩护有什么问题（Abaza and Stauth 1990）。类似地，埃曼纽埃尔·西万（Emmanuel Sivan）也认为，萨义德对伊斯兰的辩护，被阿拉伯世界的自由派知识分子视为与推行某种基要主义计划的保守势力的合谋。他认为，《东方学》的阿拉伯评论者对萨义德的质疑在于"他清除毯子下令人不安的事实的方式"，他们认为萨义德不但没有正确地考虑历史事实，而且甚至提都没有提到这些事实（Sivan 1985：137）。

性别批判

拉塔·玛尼（Lata Mani）和鲁斯·弗兰肯伯格（Ruth Frankenberg）则认为，萨义德的工作需要做得更细致一些，它需要陈述和表达东方内部的差异。他们声称，萨义德的普遍理论是以西亚为基础的。因此，他们反对萨义德的总体化和本质化的立场（Mani and Frankenberg 1985：174-92）。这代表了《东方学》最经常遭受的，也许也是破坏力最强的批评，萨义德本人也在《东方学》1995 年版的"后记"中回应了这种批评。此类批评提出的实质性的要点在于，西方和东方被建构成了铁板一块的实体。它指出，萨义德对这样的构造中的权力关系的描述，既未能反映权力的话语性质，也未能反映显见于东方学话语中的各种差异、矛盾和反霸权立场。扎基亚·帕塔克（Zakia Pathak）、萨斯瓦提·森古普塔（Saswati Sengupta）和莎米拉·普卡娅斯塔（Sharmila Purkayastha）指出，萨义德处理东方学中的性别问题的方式是成问题的。不过，他们主要关注的是展示萨义德的作品主要面对的是西方读者。我们从侨民的优势位置上，可以看到他的愤怒和暴怒。他们认为，"这种执着能否突破第一世界的位置，是可以怀疑的"（Pathak et al., 1991：79

216）。

雷纳·刘易斯（Reina Lewis）在她的研究《使东方学性别化》（*Gendering Orientalism*，1995）中力图动摇一个同质的西方的"虚构"。乔安·米勒（Joan Miller）也采取了这个立场,他指出,萨义德未能把女人当作帝国权力关系的主动参与者来看待（Miller 1990）。刘易斯致力于展示那些女性主体——她们的目光"削弱了萨义德的《东方学》中概述的那个潜在统一的、男性的、殖民的主体"——的特性（Lewis 1995：3）。刘易斯认为,女人的差别的性别化的立场意味着,这会生产出一种不像萨义德归纳的那样绝对的目光。她指出,萨义德只提到一位女性作家,格特鲁德·贝尔（Gertrude Bell）,并且在提到她的时候,甚至都没有注意到她的文本中的性别立场。刘易斯断言,萨义德"从来没有质疑过女人作为东方学话语的生产者或殖民权力内部的行为主体的缺席。这反映了这样一种传统的看法,那就是,女人没有参与殖民扩张"（Lewis 1995：18）。她认为,通过忽视女人,萨义德落入了刻板印象的陷阱,而在萨义德看来,东方学的核心问题正是刻板印象的陷阱。

拓展《东方学》

许多第三世界批评家和有相同想法的理论家对《东方学》的回应把注意力集中在这点上,即何以《东方学》可以被拓展为一种对帝国再现的范围和力量的理解。霍米·巴巴关于怎样在殖民话语分析中拓展萨义德的先驱工作的讨论,也聚焦于福柯问题。巴巴承认福柯的重要性,但也和其他批评家一样,指控萨义德在使用福柯的话语概念时太过于"工具主义"了（Bhabha 1994：72）。不过,巴巴的目的不在于暴露萨义德的理论问题,而在于指出一种拓展萨义德的分析的方式。在他看来,萨义德的分析是殖民话语分析的核心。巴巴是通过以东方学如何变成殖民权力和行政的工具为焦点,用话语分析的理论工具来研究萨义德的计划来做到这点的。这就在东方学的话语中引入了纠结(ambivalence)的概念。对巴巴来说,萨义德是殖民话语分析中的一个重要人物,因为他的作品"把注意力集中在用西方历史的殖民文本(这些文本见证了伴随帝国的胜利之道而来的创伤)的令人不安的记忆,来加快西方历史的落幕(quicken the half-light of western history)的需要"(Bhabha 1986: 149)。

1994年,《创造精神》(L' Esprit Créateur)的一期特刊,《〈东方学〉之后的东方学》("Orientalism after Orientalism")力图超越它所谓的萨义德作品的理论局限,同时也承认了《东方学》在殖民话语分析中的形成性的地位(即承认《东方学》是塑造殖民话语分析的重要文本)。和克利福德类似,阿里·贝赫达德(Ali Behdad)认为,萨义德把东方学总结为一个连贯统一的知识系统,这使萨义德的批判陷入了它试图颠覆的那种认识论。萨义德对东方学的描述,几乎没有给创造西方与东方之间的压迫关系的各种再现模式内部的差异留下任何机会。贝赫达德认为,萨义德"从压迫的假设的角度来负面地"解释权力关系,"并建构了一个总体化的诠释框架,来解释现实中在构成上既不连续又不单一的现象"(Behdad 1994a: 3)。为了反驳萨义德的本质化和识别东方学的各种纠结,他细化了萨义德的工作,提出了一个在地批评的系统。

马赫穆特·穆特曼(Mahmut Mutman)也力图拓展萨义德的分析,他承认,是萨义德的书使整个关于东方学的辩论成为可能。穆特曼参与了与萨义德的批判对话。他不认为自己对《东方学》提出了更好的替代方案;相反,他的计划是说明东方学家对伊斯兰的建构,并把这些建构放到全球视角中去进行语境化的考虑。对穆特曼来说,为理解东方学的复杂性和错综性,我们需要重新发现萨义德叙述中包含的地方语境(Mutman 1993)。

在一篇对《东方学》的有趣评论中,阿玛尔·拉萨姆(Amal Rassam)指出,我们可以通过纳入对马格里布地区的分析,特别是对饱受"研究、诠释和控制"摩洛哥人的法国东方学之苦的摩洛哥的研究,来富有成果地拓展萨义德的工作(Rassam 1980:506)。不过,拉萨姆认为,萨义德没有处理两个重要的问题。这两个问题是:首先,怎样才能真正地从另一种文化自己的角度出发去认识它?其次,东方学的替代方案是什么?这些关注得到了罗斯·钱伯斯(Ross Chambers)的响应,钱伯斯也想知道,获得某种不支配它力图研究的人民的人文知识是否可能。沉默者能够发声,自己代表自己吗(Chambers 1980:512)?

小　结

　　萨义德1978年出版的《东方学》的分析，已经成为关于西方与其他者关系的研究中的经典了。萨义德对就其诸多表现而言的、作为一种"话语"的东方学的描述，已经引起了一场理论和方法论争论的风暴，但它也空前地把注意力集中在欧洲借以获得关于其东方的他者的知识的那一系列复杂活动上，并在政治上对它们进行了清晰的说明。《东方学》完美地展示了"业余主义"在智识工作中的力量。因为它不仅使自身对各种各样的批评开放，而且，它的原创性、它的视野和它坚定的信念也改变了我们思考全球文化关系的方式。萨义德的论证的本质在于，认识某物就是有对它的权力，以及，反过来，有权力就意味着你可以从自己的角度出发来认识世界。当这个"某物"是世界上的一整个区域，而在那里数十种族群、民族和语言集合在"东方"这样一个虚假的范畴之下的时候，它肯定的知识与权力的关联就变得极其重要了。东方学的话语变成了西方认识东方的框架，而甚至在今天，这种话语也依然决定着对中东的通俗和学术的再现。

4

作为帝国主义的文化

英国诗人威廉·布莱克(William Blake, 1757—1827)曾写道:"帝国的基础是艺术与科学。拿走它们或贬低它们,帝国就不复存在了。帝国随艺术而来,而不是相反——就像英国人设想的那样。"(引自 Said 1994b: 65)文化在保全帝国主义上扮演的角色不容低估[1],因为通过文化,帝国的统治权力的"神圣权利"才得到了强力的、权威的支撑。爱德华·萨义德的《文化与帝国主义》就是从这样一个前提出发的:要是没有维持它们的文化的权力的话,那么,帝国主义的制度、政治和经济的操作就什么也不是了。比如说,是什么使在印度的英国人得以用不到十万人来统治一个有数亿人口的社会? 印度精英那里被诱导出来的认同感,有时甚至是仰慕感——尽管英属印度以剥夺和剥削的历史为特征——是怎么

1　这里原文是"高估",怀疑是笔误。——译者注

回事？爱德华·萨义德的论证是，是文化（尽管有时它包含一些傲慢的假设）提供了这种促成某种"意识形态的和解"的道德力量（Said 1994b：67）。

就像福柯展示的那样，为支配而进行的斗争，可以同时是系统的和隐藏的。在各种阶级、民族、权力中心和地区之间，存在一种持续不断的力图支配或取代彼此的互动，但这个斗争不只是一场随机的、不择手段的战斗，原因是这里也涉及一场价值的斗争（Said 1976：36）。根据萨义德，区分现代的欧洲帝国和罗马帝国、西班牙帝国或阿拉伯帝国的是，现代的欧洲帝国是持续重新投资的系统的事业。它们不会去一个国家掠夺，然后离开。使它们留在那里的，不是单纯的贪婪，而是不断被强化的文明使命的概念。所谓文明使命，意思是帝国民族不但有权利，还有义务统治那些"迷失于野蛮"的民族。和说英国人在印度是因为"印度需要我们，这些领土和人民乞求我们的支配，并且……要是没有英国人，印度就会灭亡"（Said 1994b：66）的英国哲学家约翰·斯图亚特·密尔（John Stuart Mill, 1806—1873）一样，帝国主义者也是带着一种对他们统治的权利和义务的强烈认识行动的。这种认识大多存在于欧洲文化中，并为之所支持，而欧洲文化本身，用马修·阿诺德的话来说，就被设想为"被想过和说过的最好的文化"的同义词（Arnold 1865：15）。

从这个角度来看，约瑟夫·康拉德就很迷人了，因为尽管他是一个反帝国主义者，但他的信念——他相信帝国主义是不可避免的——却使他与帝国主义的总体化假设合谋。康拉德的非洲出自一个非洲学的传统（也就是说，一种在过程上和东方学很像的"认识"非洲的方式）而不是任何"真实的"经验，而为帝国主义的使命正名的，则是这些非洲人的近乎邪恶的原始（尽管——或者说，也许是因为——它同时也是人性本身的原始）。根据康拉德，救赎帝国过程的"只是理念，它背后的一个理念；不是某种情感的做作，而是一个理念，以及一种对那个理念的不自私的信念"（Said 1993a：81）。萨义德说，如果要把我们从短期的征服的废墟中拯救出来，那么，救赎的理念就必须向前走出这一步。帝国主义者是从帝国主义的使命理念的自证实践中获得拯救的，并且帝国主义者尊重这个理念，即便在一开始的时候，这个理念是为了取得对被殖民者的支配而建构出来的（Said 1993a：82）。康拉德捕捉到了帝国主义的两个截然不同，又密切相关的方面：一是夺取领土的权力和机会本身就给了你支配的权利这个理念；二是通过"在帝国主义的受害者和施害者之间"发展出"一套自我扩张的、自生的权威的辩护机制"来模糊这个理念的实践（Said 1993a：82）。

正是这个自我扩张的权威的深刻而无所不在的力量维持了那 84
种信念，即（通过帝国主义）特定社会可以获得那些被文明化（civilised）和文明化（civilising）的价值，而这些价值将造福于世界。特别有趣的是这个事实：在帝国都会中，帝国的意识形态和修辞是不会受到社会改革主义运动，比如说自由主义运动、工人阶级运动或女性主义运动的质疑和挑战的。"大体上说，它们都是帝国主义的。"（Said 1994b：67）萨义德的要点是，帝国文化如此根深蒂固，以至于它永远不会进入关于社会改革和正义的讨论。之所以会这样，部分是因为——就和今天一样——人们无知或缺乏兴趣，但大体上说，到19世纪晚期的时候，欧洲已经建立了一个如此自信、权威、沾沾自喜的文化建筑，以至于它的帝国假设，它对欧洲生活的中心化以及它在文明使命中的合谋，不可能遭到任何的质疑。

《文化和帝国主义》最重要的主题有两个。首先，是对"普遍的世界范围的帝国文化模型"的分析，这个文化模型是为了给帝国的建立和开拓正名、强化帝国而发展出来的；其次，则是对此起到平衡作用的"反帝国抵抗的历史经验"（Said 1993a：xii）。都会的欧洲佬一直被提醒要警惕那些看起来是突然出现的、新近才得到赋权的声音，这些声音要求它们的叙事得到聆听。但这样的声音，已经在那里存在了很长时间了。

> 忽视或贬低西方人与东方人的重叠的经验，还有文化领土的相互依赖（其中，殖民者与被殖民者通过像竞争的地理学、叙事和历史那样的投射来共存和彼此斗争），就错失了过去一个世纪中世界的基本情况。

（Said 1993a：xxii-xxiii）

在这里，我们看到，从殖民化的时代起，各种参与帝国权力的模式就一直是活跃而持续存在的了。萨义德对帝国主义在欧洲文化内部的运作和抵抗在被殖民社会中的运作的考察的特征，就在于这个帝国文化和竞争性的抵抗话语的重叠。的确，就像一些人说的那样，萨义德不是没有抵抗理论，相反，这个互动，就是萨义德的抵抗理论的核心。

85　　一直让萨义德感到着迷和困惑的一件事情是，"高"文化的美学生产怎么可能在不考虑孕育他们的社会的政治制度的暴力和不义的情况下进行。像历史学家、散文家和批评家托马斯·卡莱尔（Thomas Carlyle，1795—1881），艺术和建筑批评家约翰·拉斯金（John Ruskin，1819—1900），甚或小说家查尔斯·狄更斯（Charles Dickens，1812—1870）和威廉·萨克雷（William Thackeray，1811—1863）那样的作家持有的关于低等种族（"黑鬼"）的看法，被贬低"到了一个与文化的部门截然不同的地方，文化是被拔高的活动领域,他们'真正地'属于这里,并在这里做他们真正重要的工作"
(Said 1993a：xiv)。所有的文化生产都被深刻地赋予了其社会的
政治特征,因为是后者驱动前者,给前者能量。但这个关系经常是
不可见的,也正是这个不可见使意识形态如此有效。在早期的一
次访谈中,萨义德评论说:"文化不总是完全,甚或主要由英雄人物
或激进分子制造的;相反,制造文化的是各种伟大的匿名的运动,
这些运动的功能是使事情继续发展下去,使事物继续存在。"(Said
1976：34)文化形构的保守性和匿名性在一定程度上解释了文化与
政治意识形态之间无争议的、非常复杂的关系。随着时间的流逝,
"文化——经常是进攻性地——和民族或国家关联起来;这就区分
了'我们'和'他们',而这个区分几乎总是带有某种程度的仇外"
(Said 1993a：xiii)。可惜的是——尽管也许也不是意料之外
地——无意地为以民族或帝国为焦点的主流的文化和政治意识形
态正名,变成了传统知识分子的功能。东方学家和东方学话语也
正是以这样的方式,来巩固欧洲的帝国支配的。

　　文化既是认同的一个功能,又是认同的一个来源,这就解释了
后殖民社会中经常以宗教或民族的基要主义的形式出现的对某种
形式的文化传统主义的回归。帝国的文化可能是被殖民世界中帝
国霸权最强大的行为主体(参见本书第41页)。正如前文已经讨
论过的那样,高里·维斯瓦纳坦(1987)著名的论题——英语文学
研究这门学科是为了使印度"文明化"而被发明出来的——就是一
个很好的例子。或者,文化也会变成后殖民社会中抵抗的最有力
的行为主体。这个抵抗的持续的难题在于,一个去殖民化的文化
因为在修辞上变得一元,并经常强力地认同于宗教或民族的基要
主义,所以也就可能倾向于接过帝国文化的霸权功能。

　　说到"文化"一词,萨义德的意思是:

所有那些像描述、沟通和再现的艺术那样的实践，这些实践有相对独立于经济、社会和政治领域的自主性，并经常以美学的形式存在，其主要目标之一就是快乐。

(Said 1993a：xii)

一个包括一个精炼和拔高的要素的概念，就像马修·阿诺德在1860年代说的那样，文化就是每个社会贮藏的人们知道和想过的最好的东西。

(Said 1993a：xiii)

在这里，萨义德的文化观看起来和雷蒙德·威廉斯的文化定义——文化是"一整套生活方式"(1958)——有所不同，因为要看到一个共同体的文化何以可能与它的经济、社会和政治实践分离是困难的，所有这些实践都帮忙构成了这个共同体理解和建构它的世界的方式。不过，显然，人文学科的研究对象是文化的观念和系统，就此而言，它们和自然科学没有多少共同的地方。

萨义德的文化概念有时看起来是矛盾的，因为他自己看起来也不可抗拒和矛盾地为文学和艺术正典的"高"文化所吸引。但高文化可能是最值得注意的，因为它与政治意识形态的深刻关联总是为这点所遮蔽：它声称自己是超越的，并诉诸"普世的"人性。《文化与帝国主义》通过揭示帝国文化相当具体的社会来源，而使之"去普世化了"。说到底，萨义德关于"文化就是帝国主义"的断言的效力也就在这里，因为文化的呈现、文化的批评传统和文化周围的修辞一直是这样习惯性地呈现"文化"的：文化存在于一个超越政治的领域之中。

萨义德提到了雷蒙德·威廉斯，他认为雷蒙·威廉斯是一位伟大的批评家，但这位伟大的批评家也有一个局限，那就是，他觉得英语文学主要和英国有关。这种感觉和这样一个观念相关,即文学作品是自治的,但萨义德的文本的在世性概念则使他能够展示:文学本身在参与欧洲的海外扩张的时候也在持续地参照自己,创造出各种威廉斯所谓的"支持、阐述和巩固帝国实践"的"情感结构"(Said 1993a:14)。"因为文化和帝国主义都不是惰性的,所以,它们之间的关联作为历史经验也是动态而复杂的"(Said 1993a:15)。

在最普遍的意义上说,帝国主义指的是帝国的形构,并且本身就有这样的一面:它包括一个民族把自己的支配延伸至一个或数个邻近的民族头上的历史的所有时期。不过,萨义德的帝国主义概念,却特指文化的主动效果。对萨义德来说,帝国主义是"统治远方领土的支配的都会中心的实践、理论和各种态度"(Said 1993a:8),它是一个区别于殖民主义的过程,而殖民主义则是"把定居点移植到远方的领土上"。帝国是这样一种正式或非正式的关系,在这种关系中,一个国家控制了另一个政治社会的有效的政治主权。帝国主义也区别于帝国,因为尽管通过领土的主动的殖民化来建立帝国的过程已经结束了,但帝国主义却依然"徘徊在它曾在的地方,徘徊在某种普遍的文化领域和具体的政治、意识形态、经济与社会实践中"(Said 1993a:8)。对文化的投入,使帝国主义成为这样一股力量:它的存在远远超越了地理的帝国,在当代,它就相当于加纳第一位总统夸梅·恩克鲁玛(Kwame Nkrumah,1909—1972)所谓的"新殖民主义"。

尽管萨义德渴望发现帝国主义的观念和实践是怎样获得持续经营的一致性和密度的,但他并没有一个系统的帝国主义理论,他也不以任何拓展的方式使之成为一个问题,因为他援引和介入的是传统学者的作品。相反,他的目标是暴露文化和帝国主义的关

联,揭示文化就是帝国主义。因为帝国主义不只是殖民主义。帝
国话语展示了一个持续流通的假设,即土著人民应该被驯服,帝权
(imperium)有几乎是形而上的权利来这么做(Said 1993a:10)。这
意味着,帝国的目标和普遍的民族文化之间存在一种信息量大到
难以理解的关系,而在像英国这样的帝国中心,广泛而顽强的关于
文化的普世性的修辞隐藏了这种关系。

小说与帝国

　　萨义德说,像康拉德的《黑暗之心》中马洛反思帝国主义背后
88　的"观念"在某种程度上"救赎了它"的那个片段那样的段落,不是
像"瓶中信"一样漂出小说的。康拉德的论证"就写在他继承和实
践的那种叙事形式上"(Said 1993a:82)。小说对萨义德对帝国文
化的分析来说是至关重要的,因为在他看来没有帝国就"没有我们
知道的欧洲小说"了,并且,如果我们研究促成小说的冲动的话,
"我们就会发现,构成小说的叙事权威模式和那个支撑帝国主义倾
向的复杂的意识形态构造之间绝不只有巧合"(Said 1993a:82)。
我们不是说小说,或者说广义上的文化"引起了"帝国主义,而是
说,小说(作为资产阶级社会的文化产物)和帝国主义之间,缺少其
中一个另一个也就变得难以想象了(Said 1993a:84)。而且,这个
关联是特别盎格鲁中心的,因为尽管法国有更发达的智识制度,但
19世纪期间英国小说的崛起和支配地位真的是无可争辩的。因
此,英国帝国主义的持久并且不断得到强化的权力,也就以一种在
其他地方看不到的方式在小说中得到了阐述和表达(Said 1993a:
87)。小说对英国作为帝国中心的持续描绘,主动配合着英国的帝
国政策在整个19世纪的延续。而且,小说的功能不是提出关于这
个观念的问题,而是"或多或少地保持帝国的稳定"(Said 1993a:

88）。

　　萨义德借鉴威廉斯的文化的"情感结构"概念,把这称作在与小说的呼应中逐渐建立起来的"态度和参照结构"。这至少可以引出四个推论。第一,早先不公然关心帝国的各种叙事和后来明确写到帝国的各种叙事之间存在某种不同寻常的、有机的连续性(Said 1993a：89)。第二,小说参与、促成并有助于强化关于英国和世界的认识和态度。随着关于英国的价值和态度的核心性以及(有时是)普世性的假设而来的,是一种始终如一的对海外领土的看法(Said 1993a：89)。第三,所有19世纪中期的英国小说家都接受一种对英国权力在海外广泛扩张的、全球化了的看法。小说家们认为,英国在海外的权力和特权跟它在国内的类似权力是一致的(Said 1993a：90)。第四,在小说之外,这个把小说相互关联起来的结构并不存在。它不是一个政策或一个以任何正式的方式得到阐述的元-话语,而是一个在特定的小说中找到具体参照的"态度和参照的结构"(Said 1993a：91)。因此,在叙事的过程中,权威的巩固也就变得看起来既是规范的,又是有无上权力的、自我确证的(Said 1993a：92)。尽管小说没有使人出去搞殖民活动,但它们也很少对帝国进程的加速构成阻碍。小说的这个在不诉诸某种帝国的元-话语的情况下的操作,出色地证明了文本的在世性及其对一系列社会与文化现实的认属。因为小说的这个在世性,这个位置性本身就证明了帝国主义的无处不在。

89

对位阅读

　　因为萨义德考察的潜在的"态度和参照结构"在小说之外并不存在,所以,为说明这个结构,我们必须以一种特别的方式来阅读小说。结果,萨义德在识别欧洲文化与帝国事业的密集联系的性质上最创新的贡献,就在于他对一种被称为"对位的"的阅读模式的表述。这种方法对阅读小说来说特别有意义,因为小说和帝国进程有着独特的联系,但对位阅读也不限于小说。

对位阅读是一种从被殖民者的视角出发的"逆读",其目的是展示帝国的潜藏的,而又至关重要的在场是怎样在正典文本中出现的。当我们开始在同时意识到都会的历史,以及作为支配话语运作背景的他者的受支配和被隐藏的历史的情况下,进行对位的而非单义的阅读(Said 1993a:59)的时候,我们也就获得了一种截然不同的、对文本中发生了什么的认识。

例如,"当我们带着这样一种理解——比如说,在一个作家展示在他看来殖民种植园对维持英国的特定生活方式来说很重要的时候,这意味着什么——来阅读一个文本的时候"(Said 1993a:78),我们就是在它进行对位的阅读。对位性出自萨义德自己的认同——那个他一直在持续写作的自我的文本——的张力与复杂性,因为它涉及他自己在世性的不同的、有时候显然是矛盾的维度之间的一场持续的对话。

对位阅读的观念来自萨义德对加拿大技艺精湛的钢琴家格伦·古尔德的欣赏,后者"展示了对位的演奏"(Robbins et al. 1994:21)——就其能够以复杂的方式来诠释特定的音乐主题而言。萨义德特别欣赏古尔德的地方,在于[他的演奏中的]发明的元素:"找到一个主题,然后对它进行对位的阐发,以使这个主题的所有可能性都得到表达、表现和阐述"(Said 2006:128)。类似地,对位阅读也是一种主题和变奏的技艺,通过对位阅读,我们也在帝国叙事和后殖民视角之间建立起一种对位关系,这就形成了一个穿透个体文本的表层,详尽阐述帝国主义在正典文本中的无处不在的"反-叙事"。就像萨义德指出的那样:

在西方古典乐的对位中,多个主题互相演绎,任何特定的
主题都只有临时的特权;但在因此而生的复调音乐中,却有协
奏和秩序,有一种源于那些主题,而不是某种外在于作品的严
格的旋律或形式原则的有组织的互动。

(Said 1993a:59-60)

对位阅读为了发现单义的阅读可能隐藏的关于正典文本的政治在
世性的东西,而把这种复调的两个(或所有)维度同时考虑了进
去——而不只是考虑主导的那一个维度。

具体而言,这种阅读的目标是揭示对那些文本来说帝国主义
的无处不在的构成性力量,因为帝国"在欧洲 19 世纪的大部分时
间里的功能,是在虚构作品中充当一个被编码的、几乎不可见的在
场"(Said 1993a:75)。对位阅读要做的就是使代码变得可见。对
位阅读把正典文本"当作欧洲扩张的复调伴生物"来阅读(Said
1993a:71)。这样复调地切入帝国主义的构成性质,也就是要同时
把帝国主义的视角和反帝国主义抵抗的视角考虑进去。这就通过
揭示都会社会、和前殖民地社会的交织、重叠的历史,避免了"责备
的修辞"(Said 1993a:19)。一旦我们觉察到"特别,但又是重叠和 91
互联的经验——女人的、西方人的、黑人的、民族国家和文化
的——的大规模网结的和复杂的历史"(Said 1993a:36),我们就能
避免对社会生活做简化的、本质化的范畴之分,结果,也就能避免
那种简化引出的责备的修辞。萨义德说,文化的经验和文化的形
式"根本上和典型地是混杂的"(Said 1993a:68),而尽管西方哲学
一直试图把美学和文化的领域从在世的领域独立出来,但"现在,
是时候把它们合起来了"(Said 1993a:68)。因此,文本的在世性,
就表现在各种文化与社会中内部和之间的认属的厚网之中。

对位的视角可以关联像"19世纪晚期英国的加冕仪式和印度宫廷的接见仪式"那样差异很大的经验(Said 1993a：36)。一个证明对位视角价值的特别好的例子是,吉卜林在《吉姆》中描绘的印度(一方面)在英语小说发展中和(另一方面)在印度独立的发展中的矛盾位置。"在不考虑小说或政治运动中的一个的情况下再现或诠释另一个,也就错失了帝国的实际经验给它们的至关重要的差别"(Said 1993a：36)。所以,对位阅读不仅是以一种驳斥或争论的形式存在的,它也是一种展示帝国社会和殖民社会的紧密的相互联系的方式。

萨义德对重要作品的对位阅读,经常被误解为把所有正典的文学一律打成帝国主义的。但关键的是要看到,他是因为极其欣赏这些作品才去解读它们的。"对位"阅读要生效,就必须严肃地对待作品本身。在《弗洛伊德与非欧洲人》(Said 2003a)中,他就反驳过那些认为他不加思考或解释地拒绝这些作家的批评。

> 相反,我一直试图理解这些我欣赏的来自过去的人物,就算在我指出他们是如何受限于他们自己的文化时刻的视角的时候也如此……我的进路试图尽可能准确地把他们放到他们的语境中去看,但这样一来……我也就是在对位地看他们,即把他们看作这样的人物:他们的写作以各种无法预见的方式,跨越了时代的、文化的和意识形态的边界。
>
> (Said 2003a：23-4)

地　理

92

萨义德自己对对位过程的认识是,它是一种"重新思考地理"(Robbins et al. 1994：21)的方式。他认为,《文化与帝国主义》和

《东方学》中对地理的强调是极其重要的(Robbins et al. 1994：21)。
的确,对地理的关注在他的作品中是一以贯之的,这不仅是因为他
本人的错位和流亡,也因为帝国支配的普世化过程的一大特征就
是遮蔽那些对任何文本的形成和奠立来说至关重要的地方的现
实。《东方学》提到了"想象的地理及其再现"的重要性(Said
1978a：49)。存在像东方学这样基于某个地理区域的学术研究科
目这个事实本身就在很大程度上说明了东方学话语本身,同时也
在更大的程度上说明了帝国想象是怎样在地理上分割世界的。

对位阅读不只是又一种阅读文本的方式,它发现了帝国主义
的地理现实,以及这个现实对全球大多数地区的深刻的物质影响。
萨义德在1994年的一次访谈中也许多少是抱有希望地指出,历史
上西方(以及特别是美国)对地理的盲目可能会发生变化,"一种范
式转变正在发生;也许现在我们正在走向一种新的、活力十足的对
以各种有趣和想象的方式来看待为地理而进行的斗争的认识"
(Robbins et al. 1994：21)。当然,在后殖民话语中,地方的场所、文
化和社群正变得越来越显著。但像阿米尔·阿卡莱的《阿拉伯人
和犹太人:重新思考黎凡特文化》、保罗·吉尔罗伊的《黑色大西
洋》和伯纳德·史密斯的《想象太平洋》那样的作品,也代表了一种
不仅从地理的角度,也从为地理而进行的斗争的角度来构想人类
历史的方式(Robbins et al. 1994：21)。自麦卡托发明投影世界地
图以来,为地区的构成而进行的斗争,就是帝国主义内部的文化关
系的一大特征了。

早在1976年的一次访谈中,萨义德就流露出地理的准确性的
迫切性了。在这次访谈中,萨义德一如既往地强调了就他来自"世
界的这样一个地区(那个地区的现代史在很大程度上是被当作殖
民主义的结果来认识的,而眼下那个地区的艰辛也和帝国主义的

运作分不开)"(Said 1976:36)而言他自己的批判立场的矛盾的"在世性"。对萨义德来说,殖民主义和帝国主义不是什么抽象的东西;"它们就是有某种近乎无法忍受的具体性的各种具体的生活经验和生活形式"(Said 1976:36)。这是一种深入地方的地理和为代表它而展开的斗争的具体性,是一个地方的现实,而在萨义德的作品中这个地方的现实一直是矛盾的,因为在他生命的大多数时间里他一直流亡在这个地方的现实之外。

萨义德相信,大多数文化史家和文学学者都未能注意到西方的虚构作品、历史学作品和哲学话语中的地理记号、对领土的理论的图绘和锚定。这个记号与文化支配的断言特别相关。

> 首先,是欧洲观察者——旅行家、商人、学者、历史学家、小说家——的权威。然后,是空间的等级,按这个等级来看,都会中心和都会的经济依赖于一个海外的领土控制、经济剥削的系统及一种社会—文化的世界观;没有这些东西的话,"家"里的稳定和繁荣……就不可能了。
>
> (Said 1993a:69)

这种对殖民领土的依赖,是再怎么强调也不为过的。支撑社会和文化的"空间"的,正是帝国争夺的"领土、土地、地理辖区、实际的地理基础",因为所谓帝国不过就是在地理上对土地的占有罢了。"帝国主义及与之相关的文化既肯定了地理的首要性,也肯定了一种关于对领土的控制的意识形态"(Said 1993a:93)。

在帝国出现在像小说那样的文化产品中的所有实例里,"帝国的事实总与持续的占有,总与遥远的有时还是未知的空间,总与古怪或不可接受的人,总与像移民、赚钱和猎艳那样碰运气的、幻想的活动有关"(Said 1993a:75)。那些遥远的地方的居民,也就是那里的人民本身的视角,只是作为欧洲意识边缘模糊的缺席而存在的(在他们不被欧洲人主动地贬低为"原始人"或"食人族"的时候)。对位阅读,就是要给这些缺席一个在场。

奥斯汀的《曼斯菲尔德庄园》

萨义德的对位分析最著名的例子,就是他对简·奥斯汀的《曼斯菲尔德庄园》的解读,在这部小说中,去安提瓜管理他的种植园的托马斯·贝特伦爵士在曼斯菲尔德庄园的缺席,在留下来没有得到贝特伦夫人和诺里斯夫人充分管教的年轻人那里引出了一段看起来彬彬有礼,却令人担忧的荒淫故事。在逐渐意识到自由和无人管束的情况,这些年轻人准备排演一出名为"情人的誓言"的戏。这时,托马斯爵士回来了,并有条不紊地把事情拉回正轨,就像"克鲁索把事情安排得井井有条",或"早期的清教徒抹去轻佻行为的所有痕迹"那样(Said 1993a:104)。在这个过程中,对位阅读把安提瓜的现实推向了前景。我们可以猜测,托马斯爵士在安提瓜的种植园做的也是一模一样的事情,有条不紊地、有目的地以一种对他自己的权威的不容置疑的认识,来维持对他的殖民辖地的控制:

> 在这里,比在其小说中的其他地方更明显地,奥斯汀把国内和国际的权威同步到了一起,明确地说明了,与像排序、法律和礼节这样更高级的东西相关的价值必然牢牢地植根于对领土的实际的统治和占有。她看到,掌控和统治曼斯菲尔德庄园就是掌控和统治近似于它的——更不用说不可避免地与它相关的——帝国地产。确保一个[曼斯菲尔德庄园]内部的

安宁和迷人的和谐的,是另一个[安提瓜的种植园]的生产力和对它的管制规训。

(Said 1993a: 104)

曼斯菲尔德庄园本身既是托马斯爵士的殖民辖地的隐喻又是其转喻,没有他的海外财产的话,庄园的有序生活就不可能运作了。

穷侄女、孤苦伶仃的范妮·普莱斯,表现出一种托马斯爵士欣赏的诚实正直的性格,并逐渐获得了高于她更幸运的亲戚们的地位。但在她被迫回朴茨茅斯的家的时候,我们发现了另一个甚至更加微妙的与帝国的关联。她的返乡,是对贫穷引起的处境和精神的局限、封闭和卑劣的再发现。这个信息是帝国的信息:"要赢得在曼斯菲尔德庄园的权利,你必须首先像被运输的商品一样离开故乡……但接着,你还要有对未来的财富的许诺。"(Said 1993a: 106)范妮的运动就是托马斯爵士更大规模的殖民运动的更小规模的版本,她继承了他的产业。

不过,在阅读小说的时候,还有一个与那个找出小说提到殖民
95　财产是什么意思的运动相应的运动。尽管小说提到安提瓜就已经揭露了英国的财富对海外财产的依赖的隐藏面,但萨义德说,我们还需要试着去理解为什么奥斯汀会给安提瓜这么大的重要性。英国和法国(后者程度稍逊)都想让它们的帝国成为长期的、有利可图的、持久的企业,并且它们还在这个事业上彼此竞争。因此,在简·奥斯汀的时代,英国的殖民财产对英法竞争来说是一个至关重要的背景,因为这两个帝国都在为支配制糖业而竞争(Said 1993a: 107)。

奥斯汀的安提瓜不仅是一种标记曼斯菲尔德庄园内部的进步

的外限的方式,或对"支配海外领土,以之作为本土财富的来源的商业冒险"的暗示。它也是一种意指"理念之争,与拿破仑的法国的斗争,对世界史上一个革命时期里发生的重大经济和社会变革的意识"的方式(Said 1993a:112)。而且,安提瓜在奥斯汀的道德地理中有一个明确的位置,因为要是没有奴隶贸易、糖和殖民种植园的种植者阶级的话,贝特伦一家就不可能是那个样子的了。

对位阅读带来的后果是,小说不能被简单地恢复为"伟大文学名著"的正典了。尽管对位阅读只是众多阅读方式之一,它却永远地改变了小说能够被阅读的方式。《曼斯菲尔德庄园》"稳定地,尽管也是不起眼地大幅度揭示了国内的帝国主义文化,没有这种文化的话,英国后来对(海外)领土的夺取就将是不可能的了"(Said 1993a:114)。但不仔细阅读小说本身的话,我们是没法评估支撑小说的那个"态度和参照的结构"的。通过仔细的阅读,

> 我们可以认识到,何以外交部的行政官员、殖民官僚和军事战略家,以及有智力的小说读者(这些人在道德的评价,文学的平衡和风格化的结局这些细微处教育自己),都持有关于依赖的种族和领土的理念。
>
> (Said 1993a:114)

帝国的文化完整性

在对位阅读使我们看到帝国主义在特定文本中的运作的同时,它也揭示了在全球帝国主义中文化实践和政治实践之间几乎是总体的联系。这个主题的一个令人着迷的方面是"文化是怎样参与帝国主义,而又被免除了它的角色所引发的责任的"(Said 1993a:128)。帝国主义本身是直到 1880 年代之后才被人们主动

当作一个学说提出来的,而在1880年代,帝国的拥护者和宣传者使用的是这样一门语言:"它对增长、丰饶和扩张的想象,它关于财产和认同的意识形态结构,它对'我们'和'他们'之间的意识形态区分,在(政治实践之外的)其他地方——在虚构作品、政治学、种族理论、旅行写作中——已经成熟了。"(Said 1993a:128)所以,到公然的帝国主义学说兴起的时候,甚至最可疑、最歇斯底里的关于支配的断言也被宣告为实际上得到普世接受的真理了。到这个时候,这些假设已经通过文化流传开来了。

在一种文化形式或话语渴望完整性或者说整体性的时候,在它假定了自己的普世性的时候,这通常是因为,它的文化假设得到了相当直白的政治权力展示的支持。V.K.基尔南对丁尼生《国王之歌》的分析就说明了文化与权力之间这些具体的物质关联。《国王之歌》列举了英国规模惊人的海外运动,这些运动都导致了对领土的夺取或巩固,而对这些运动来说,丁尼生"有时是见证者,有时则与之有关"(Said 1993a:127)。维多利亚时代的作家见证了那个时代英国权力史无前例的展示,所以"以这样或那样的方式认同这个权力是合乎逻辑且容易的"(Said 1993a:127)。因为在国内,他们已经认同于英国了。当帝国主义的主题在像卡莱尔那样的人那里得到糟糕的陈述的时候,"它通过认属,收集了大量同意的,同时又更加有趣的文化的版本,每一个版本都有它自己的曲折、快乐、形式的特征"(Said 1993a:128)。这个认属网络变成了一系列关于英国和英国权力含蓄假设的仓库,这些假设倾向于把文化和对帝国主义的明确认同分开。

萨义德系统地列举了那些形形色色的领域:在这些领域中,帝国的权力是如此被视之为当然,以至于最终帝国的权力决定了各种话语中流行的言论和信念的性质:

1.一种地理与本体论之间的关联(见 p.56),作为西方和世界其他地区之间的本体论差异,被视为当然。

2.一种对种族思想的学科式的巩固出现了。

3.历史研究开始把西方对世界的主动支配,当作学科的一个正统分支来接受。

4.西方的支配变成一种织入大众文化、小说的结构,以及历史学、哲学与地理学的修辞的主动影响;并对被殖民国家的环境,对殖民城市的行政和建筑,以及新帝国的精英、文化和亚文化的出现产生了物质的影响。

5.帝国控制的一个非常主动的创造维度见证了东方学、非洲学和美洲学话语与历史写作、绘画、小说和大众文化的穿插交织。

威尔第的《阿依达》

尽管小说与英国帝国主义之间存在深刻的关联,但在极其多样的欧洲文化形式中,我们也可以发现这个渗透了文化活动,并因而为帝国主义提供含蓄的辩护的态度和参照结构。对位阅读动摇了那些"基于文类、历史分期、民族性或风格的看起来稳定而不可渗透的范畴"(Said 1993a:134):那些假设西方文化完全独立于其他文化,并独立于"对权力、权威、特权和支配的在世追求"(Said 1993a:134)的范畴。只要我们看 19 世纪的欧洲文化,无论看哪里,我们都能发现一张对帝国过程的认属的厚网。

威尔第的歌剧《阿依达》(首演于 1871 年 12 月)实际上是"大歌剧"的同义词。作为极其流行并广为人知的在纽约大都会歌剧院上演次数最多的歌剧,《阿依达》提出了关于"是什么把它和它在西方的历史与文化时刻关联在一起"的复杂问题(Said 1993a:

135)。和著名的小说一样,歌剧看起来也属于伟大艺术精妙高深的领域,其主题的性质很少会遭到其受众的质疑。但根据萨义德,《阿依达》的特点,"它的主题和背景,它纪念碑式的宏大,它奇怪的感人的视觉和音乐效果,它过于发达的音乐和收缩的国内局势,它在威尔第职业生涯中古怪的位置"(Said 1993a: 137)要求一种能够接受它的根本的混杂性,和它在文化史与海外支配经验中的位置的对位阅读。"作为一种高度专业化的美学记忆形式,《阿依达》合乎其意图地体现了在19世纪历史的一个时刻上欧洲版的埃及的权威"(Said 1993a: 151)。对位的理解揭示了它的"参照和态度的结构","认属、关联、决定和合作的网络,这个网络在歌剧的视觉和音乐文本中留下了一组幽灵般的记号"(Said 1993a: 151)。

比如说,它的故事——关于成功打败埃塞俄比亚军队,却被怀疑是叛徒,被判死刑并死于窒息的埃及英雄——让人想起帝国列强在中东的争斗。尽管怀疑埃及统治者赫迪夫·伊斯玛仪关于埃塞俄比亚的安排,但英国人还是鼓励他在东非的行动,把它当作一种在索马里亚和埃塞俄比亚遏制法国和意大利野心的方式。从法国的观点来看,《阿依达》戏剧化地表现了埃及在埃塞俄比亚的军事政策取得成功带来的危险。

而且,伊斯玛仪标榜的现代化,使开罗分裂为一个没有便利设施的中世纪的"土著的城市"及一个试图仿效欧洲大城市的殖民城市。歌剧院本身就建在这两座城市之间的分界线上,而《阿依达》的埃及认同是新城市的欧洲外观的一部分,它和开罗之间没有任何一致的地方。《阿依达》是为歌剧院开业而委托制作的,它是一件用信贷为一小群客户购买的奢侈品,这群客户大多是欧洲人,娱乐只是他们的附带需求,他们(来这里)的真正目的,是为伊斯玛仪的发展计划提供信贷。因此,这部歌剧提醒我们注意"一个精确的历史时刻和一种年代具体的美学形式,一个为使一群几乎全是欧洲人的受众产生疏离感,给他们留下深刻印象而设计的帝国景观"(Said 1993a:156)。这和它在今天欧洲剧目中的位置大不相同,但就算在今天"帝国也依然以曲折的形式存在,我们也依然可以在其中读到、看到和听到帝国的踪迹"(Said 1993a:157)。

当然,如果你属于有权力的文化的话,要忘记"那里"发生的事情的令人不快的方面,是非常容易的。这的确是欧洲文化在帝国过程中合谋的微妙一面。它的普世性的意识形态,它对欧洲的中心性和价值的假设,使它特别适用于遮蔽帝国的权力政治,而它又是从后者那里汲取养分的。《阿依达》是一个特别好的例子,它展示了欧洲的文化形式是怎样"脱去"它们与创造它们的世界的一切明显关联的,因为它们也假设了附属于西方古典艺术的各种超越的神话。

吉卜林的《吉姆》

对位阅读的有用性在于,它能够通过不这样阅读就可能注意不到的线索,来揭示一个文本对帝国主义的政治结构和制度的依赖和支持。不过,在鲁德亚德·吉卜林的《吉姆》中,这样的阅读必须以一种稍微有些不同的方式来进行,因为在这里,帝国的在场是如此明显和公然。然而,对位性的确提供了两个根本的洞见。首先,吉卜林不仅是从殖民地白人的权威视点出发,也是从"一个大规模的殖民系统(这个系统的经济、功能和历史都获得了近乎自然的事实的地位)"的视角出发来进行写作的(Said 1993a:162)。其次,《吉姆》是在历史上一个特定的时代写的,在这个时代英国和印度之间的关系一直在变化。因此,对位阅读深入了小说的殖民语境,不仅使它语境化了,也展示了它的主题和结构的具体运作,是如何出自具体的历史境况的,并反映了那些具体的历史境况的。
"我们自然有资格把《吉姆》当作一部属于世界最伟大文学的小说
来阅读,"萨义德说,但"同样,我们也不能单方面地废除其中的各
种关联"(Said 1993a:175)。

此类关联的一个例子就是小说中压倒性的雄性,对一本写于
19世纪20世纪之交的书来说,这看起来不是一个令人惊奇的特
征,但在《吉姆》中,这个特征却表明,对帝国来说,运动和竞争的雄
性比喻是特别重要的。在《吉姆》中,这种主导的比喻,就是帝国使
命的"大比赛",就是英国在印度的情报活动。吉姆说,"永远被女
人纠缠",就是"被阻碍加入大比赛,这场比赛最好只由男人来打"
(Said 1993a:165)。特工部门的运作和这个体育的比喻之间的关
联,特别符合帝国在印度的角色,但也与吉卜林同时代人贝登堡的
目标是一致的,他的"帝国权威计划——其顶点是'巩固帝国之墙'
的伟大的童子军结构"(Said 1993a:166)——是一个特别的例子,
它展示了男人运动拼搏的意象对帝国的重要性。

100　　　另一个对位的洞见在于,对吉卜林来说,在他对印度和印度人
的同情,跟他对英国统治之正当和有效性的信念之间不存在任何
冲突。尽管埃德蒙·威尔逊指出,读者可能会预期,吉姆迟早会看
到,他"正在把那些他一直认为是自己人民的[印度]人交给英国入
侵者来控制"(Said 1993a:175),萨义德却反驳说,之所以在小说中
一切这样的冲突都可能看似不可解决,是因为根本就不存在这样
的冲突,因为对他来说,印度最好的命运,就是由英国来统治。"对
吉卜林所持的帝国主义世界观来说,不存在任何可理解的遏制因
素,就像对康拉德来说,也不存在什么能够遏制帝国主义的东西一
样"(Said 1993a:176)。

因此,吉卜林的小说展示了"对位的"反讽——尽管其中有明

显的帝国主题存在。比如说,"印度兵变"是一场永远地黏合了英国的行政与印度的人口之间的分离的灾难。对一个印度人来说,不为英国的报复行动而感到深刻的反感是非常不寻常的,但吉卜林就能让一个老兵告诉吉姆和他的同伴说"一种疯狂侵蚀了军队",让他们"选择杀死了大人们的妻儿。接着,海外的大人们来了,以最严厉的方式追究了他们的责任"(Said 1993a:178)。显然,这种对兵变的极其英国的看法离开了世界史,走进了"帝国论战的世界,在这个世界中,土著自然是少年罪犯,而白人则是严厉而道德的法官和家长"(Said 1993a:178)。吉卜林不仅未能向我们展示这两个冲突的世界,"他还只给我们一个世界,而且完全消除了冲突出现的一切可能性"(Said 1993a:179)。一个类似的例子出现在这个时候:在警区警司快步跑过来时,吉卜林让库拉的遗孀评论说:"这些人在某种程度上说是监督的正义。他们熟悉这片土地和这片土地的习俗。"(Said 1993a:179)这是吉卜林展示这点的方式,即"土著是接受殖民统治的,只要它是正确的那种。历史上,欧洲帝国主义一直这样自己对自己证明自己的宜人"(Said 1993a:180)。

因此,萨义德指出,如果我们以正常的方式来阅读《吉姆》,把它当作一个男孩的冒险或对印度生活丰富而详尽得可爱的全景描绘来阅读的话,那么,我们读的就不是吉卜林实际上写的那部小说了(Said 1993a:180)。英国的统治用来树立它自己永恒神话的方法,是创造这些对于赞同的奇想,这些奇想像镜子一样反映了它自己的文明使命信念。就像弗朗西斯·哈钦斯说的那样,"一个想象的印度被创造出来了,它既不包含任何社会变革的元素,也不包含任何政治威胁的元素"(引自 Said 1993a:180)。当然,这不是说,吉卜林有意识地编造了一种对印度的宣传式的看法。相反,他自

101

己关于英国统治的价值的深刻信念和帝国主义对叙事的支配,合谋为欧洲人和印度人创造了这个想象的印度。在关于印度人根深蒂固的东方学刻板印象中,我们可以发现这种矛盾态度的眼神,因为就像吉卜林不能"在历史之流中想象一个脱离英国控制的印度那样,他也不能想象印度人也可能有效和严肃地从事当时他和其他人认为专属于西方的那个事业"(Said 1993a:185)。

但同时,这部小说的能量和乐观主义又使它不同于这个时期欧洲的写作,后者倾向于详细描述"当代生活的堕落,所有激情、成功和异国冒险之梦的灭绝"(Said 1993a:192)。相反,《吉姆》展示了何以毫无保留地移居海外的欧洲人可以在印度过上"丰富复杂"的生活。而且,因为它的帝国主义世界观,这种享受是没有任何障碍的(Said 1993a:192)。类似地,这部小说在辞藻和篇幅上的铺张,跟"与之同时代的欧洲小说的紧凑、令人无比为难的时间结构"构成了鲜明的对照。在《吉姆》中,时间看起来从来不是白人男性的敌人,因为地理本身看起来是如此开放和可用,以至于他们随时都可以自由地运动(Said 1993a:193)。

这部小说所有的纠结和矛盾,就出自它对英国统治的有效性不加质疑的接受。《吉姆》既不是对帝国主义的简单辩护,也不是对印度辞藻华丽却天真盲目的全景描述。它实现了

> [一个]伟大的、积累的过程,在19世纪最后的几年里,这个过程正在接近它在印度独立前最后的巅峰时刻:一方面,是对印度的监视和控制;另一方面,则是对它的一切细节的热爱和着迷似的关注。
>
> (Said 1993a:195)

因此,这部小说不是政治宣传手册,而是对吉卜林热爱却不能占有的那个印度的介入。这就是这本书的核心意义,因为《吉姆》"对它的美学时刻的伟大记录"是通往印度独立道路上的一个里程碑(Said 1993a:196)。

加缪的《局外人》

102

阿尔贝尔·加缪是这样一位作家,他的作品如此完全地进入了当代欧洲文学的正典,以至于法国对阿尔及利亚的殖民的事实、在小说中可以对位地阅读的那些事实虽然没有在他的作品中出现,却依然是重要的。人们习惯于这样阅读加缪的作品,就好像阿尔及利亚不存在,或者说,就好像阿尔及利亚这个地点不重要那样。但把《局外人》当作对纳粹占领下的法国的评论来阅读,就在很大程度上把这部小说本身对关于位置和地理的事实的隐藏也包含了进去。尽管欧洲的批评可能会

> 相信加缪代表了法国人对那场接近欧洲历史的大分水岭之一的危机没有被动员起来的意识……但就他的作品明确提到阿尔及利亚而言,加缪普遍关注的是法阿事务的现状,而非其历史。
>
> (Said 1993a:211)

然而,阿尔及利亚这个位置,对小说看似在展示的紧迫的道德问题来说看起来是偶然的,并且,加缪的小说依然被"当作人类境况的寓言"来阅读(Said 1993a:212)。默尔索杀死一个阿拉伯人这个事实,或在《鼠疫》中阿拉伯人死去这个事实——的确,也是阿拉伯人存在这个事实,就算他们在小说中只是无名地在场——看起来是

偶然的。

但恰恰是这个省略,暗示了对位阅读可以揭示什么:加缪的小说给出了关于 1830 年开始,一直延续到加缪时代的法国的帝国征服过程的丰富细节,这个过程最终投射到文本本身的构成上(Said 1993a:212)。他的写作是"法国有条不紊地建构起来的阿尔及利亚的政治地理中的一个元素"(Said 1993a:212)。就在英国人离开印度的时候,我们发现加缪展示出一种"格外滞后的"殖民心态,这种心态持续地表演着一种早就过了全盛期的帝国主义。

加缪把阿拉伯人口和压倒性的法国的基础结构都纳入自己小说的方式,跟学校教科书解释法国殖民主义的方式之间的对应是显著的。在某种意义上说,加缪的长篇小说和短篇小说都是在叙述法国战胜平静的、被大批杀死的穆斯林人口带来的结果。通过"肯定和巩固法国的优先性,加缪既没有质疑法国一百多年来与阿尔及利亚穆斯林争夺主权的斗争,也没有对它提出异议"(Said 1993a:219)。因此,加缪的著作"非常准确地提炼了法国占有阿尔及利亚的传统、习语和话语策略"(Said 1993a:223)。最终,加缪的叙事"有一种否定的活力,其中,殖民活动的悲剧的人的严肃性在被毁灭压倒之前,获得了它最后的、伟大的澄明。它们(加缪的这些叙事)表达了一种浪费和悲哀,我们尚未完全理解这种浪费和悲哀,也还没有完全从这种浪费和悲哀中恢复过来"(Said 1993a:224)。

图绘一种抵抗的理论

萨义德对帝国主义政治在帝国主义列强的文学与音乐中的在场的关注经常使批评家感到迷惑,他们因此而指控萨义德过分关注西方文化,并相应地缺乏对被殖民社会的文化的关注。这一指控忽视了萨义德经常重申的那个主张:他在像《东方学》一样的书中感兴趣的,恰恰是主流文化的运作。不过,《文化与帝国主义》的确对那些通过各种欧洲帝国流传开来的抵抗帝国主义的文化的缺席这个缺陷做了补救。但对位阅读的关键特征在于,它揭示了帝国主义和对帝国主义的抵抗的重叠与交错。这就是对位性的价值,因为它使批评家能够察觉在被殖民世界中运作的权力与抵抗的持续对位。

在《东方学》1995 年版的"后记"中,萨义德做了这样一个发人深省的声明,他说,他的大多数作品一直因为"其'残留的'人文主义、其理论上的不一致、其对能动性的不充分甚至过于伤感的处理"而遭到攻击。他补充说:"我很高兴它引起了这样的反应!"他并没有对这个事实提出辩解,即《东方学》是"一本党派性的书,而不是一架理论机器"(Said 1995a:340)。在《东方学》出版将近二十年后,这些反思是一个重要的入口,通过它我们才能理解萨义德的抵抗策略;这些反思也是我们认识《文化与帝国主义》的第二大主题——抵抗帝国的历史经验——的关键。正如萨义德指出的那样,他遭到了这样的攻击,这种攻击暗示,他的作品没有实现提供抵抗的诺言,而这主要又是因为他构想能动性的方式不对。

关于抵抗的各种理念的一个关键问题是,过于简单地把抵抗和反对合在了一起。这就假设,在帝国话语和被殖民者的意识之间令人焦虑的激烈斗争中,抵抗的唯一途径就是拒绝。但后殖民分析则显示(Ashcroft et al. 1989),这样的反对与成功地拒绝主流文化相反,反倒把被殖民的主体的政治意识锁进了一种二元对立的关系,而你是很难从这样的关系中动员出实际的抵抗的。一直以来,最成功的抵抗形式,都是那些识别出广泛的受众,掌握主流的话语并对它进行改造(即在帝国主义的话语领土中建立文化差异)的抵抗。比如说,这种抵抗的一个例子就发生在作家挪用殖民主义的语言和文学形式,进入"文学"的领域,并在其中建构出一个不同的文化现实的时候。这就是爱德华·萨义德感兴趣的那种抵抗形式,因为这种形式的抵抗,从文化的角度来看是最有效的。对位性识别出持续的重叠和交换,持续的对位和争论——它们就是在实际的文化抵抗的领域中发生的。

这种抵抗形式,也深受萨义德的世俗主义概念的影响。萨义德所用的世俗主义,不只与职业批评家的"神学"专业化倾向相对,也与民族主义本身的各种几近神学的学说相对。在一次接受珍妮弗·维克和迈克尔·斯普林克访谈的时候,萨义德把"世俗诠释和世俗工作的理想",跟"认同的,部落团结的","按地理来定义的,被定义为同质性的"共同体的浸入感对立起来。萨义德说:"世俗生活的密实构造不可能被塞到民族认同的标题下,也不可能与那种认为一条恐惧的边界隔开了'我们'和'他们'——这不过是在重复那种古老的东方学模型罢了——的虚假观念完全对应。"(Sprinker 1992:233)世俗诠释的政治,指出了一条规避法农所谓"民族意识的陷阱"(Fanon 1964)的路。这些陷阱之一就是"责备的修辞",在萨义德看来这种修辞损害了社会变革的潜能(Said 1986d)。

尽管在他更早的作品中没有得到明确,但抵抗变成了《文化与帝国主义》中的一个核心主题。萨义德认为,殖民主体与帝国之战的特征是一种辩证的关系。的确,反帝国的抵抗在帝国主义的领域中是无处不在的,因为在非西方世界的各个地方,白人的到来都引出了某种抵抗(Said 1993a:xii)。他没有在《东方学》中讨论这种对西方支配的回应这个事实意味着,他有否定被殖民者的主动抵抗的危险。帝国权力面对的从来不是"一个苟安的或惰性的非西方的土著;某种形式的主动抵抗一直存在,并且在绝大多数情况下,抵抗最终取得了胜利"(Said 1993a：xii)。在这里,我们完全可以把萨义德的主张解读为福柯的表述"哪里有权力哪里就有抵抗"的例示。但也就是在这里,萨义德希望告别福柯。对萨义德来说,这是福柯的玩兴,是缺乏政治上的投入。如果权力是压迫、控制和操纵的,

> 那么,抵抗权力的一切就不会在道德上与权力等同,就不会是中性的、单纯的抵抗那个权力的武器了。同样,抵抗不可能既是与权力对立的,权力的替代选项,又是权力的一个依从于权力的功能,除非在某种形而上学的、从根本而言微不足道的意义上说。
>
> (Said 1983：246)

萨义德的抵抗策略包括一个双重的过程,我们可以把这个过程比作他在《文化与帝国主义》中讨论去殖民化的两个阶段。首先是恢复"地理的领土",其次则是"改变文化的领土"(Said 1993a：252)。因此,在涉及"反对外来入侵的斗争"的初步抵抗之后,我们还需要进行引发意识形态或文化重构的二次抵抗。抵抗因此也就变成了一个"再次(re-)发现和修复土著的过去中一直遭到帝国主义进程压抑的东西"的过程(Said 1993a：253)。在这里,"再次"这个前缀的意义和它要强调的东西是"抵抗的部分的悲剧,它必须在一定程度上恢复已经为帝国的文化所建立,或至少是受帝国文化影响、渗透的形式"(Said 1993a：253)。

萨义德从被殖民者"逆写"帝国的能力的角度,来探索这种抵抗的文化。"逆写"帝国是一个在自我与他者之间建构联系的过程,在他看来,这个过程是通过对像康拉德《黑暗之心》和莎士比亚

《暴风雨》那样的正典文本的重写或"逆写"来运作的。他把《黑暗之心》(康拉德那个关于一个沿河而上到非洲丛林的黑暗之心的旅行者的故事)和恩古吉·瓦·提昂戈的《大河两岸》以及苏丹小说家塔伊布·萨利赫的《移居北方的时节》并置,后面两部小说都从被殖民者的视点重写了康拉德的经典。这些作家以各种方式"承载的过去"是"羞辱的伤疤,是对不同实践的刺激,是趋近一个后殖民未来的各种过去的潜在的修订版",但最有力的是,这些作家身上承载的过去是"亟待重新诠释和重新部署的经验,其中,作为普遍的抵抗运动的一部分,一度沉默的土著在夺回的领土上说话和行动"(Said 1993a:256)。

　　这样对正典的重写,把重读和重写这些相互关联的策略置入了文化抵抗的过程,它们是有效的介入,因为你不可能随意把它们打发过去,也不可能让它们保持沉默(因为简单的拒绝是行不通的)。至关重要的是,它们"不仅是政治运动不可分割的一个部分,而且从许多方面来看也成功地指导了运动的想象",因为它们展示了一种"重新观看和重新思考为白人和非白人所共有的领土的智识和象征能量"(Said 1993a:256)。在讨论对《暴风雨》的重新思考的时候,萨义德指出了后殖民分析是怎样从剧中被普洛斯彼罗奴役的怪物卡利班的视点来阅读和重写这部戏剧的,他问道:"一种力图独立于帝国主义的文化,是怎样想象它自己的过去的?"(Said 1993a:258)

　　对于这个难题,他看到了三个可选的方案。第一个方案是,做帝国主义自愿的仆从——"土著线人"。第二个方案是,觉知并接受过去,同时不让过去阻碍未来的发展。第三个方案则是为追求一个本质的前殖民的自我而摆脱殖民的自我,走向本土主义(Said 1993a:258)。尽管萨义德赞美一种出自这样的构造——其中,自我就等同于一个主体人群——的反帝国主义的民族主义,但他还是重申了法农的警告:"民族主义意识很容易引起一种冰冻的僵化",因为它可能堕落为"沙文主义和仇外"(Said 1993a:258)。为避免这样的结果,把这三个方案混起来用是最好的,这样,卡利班就可以把他"自己的历史看作所有被征服的男女的历史的一个面向,并理解到他自己的社会与历史处境的复杂真相"(Said 1993a:258)。

这种逆写,像萨义德指出的那样,就是阿希克洛夫特、格里菲斯和蒂芬的《逆写帝国》和萨尔曼·拉什迪的《午夜之子》的计划。不过,这种逆写的关键之处在于,要打破不同文化之间的屏障。这种有意识的"进入欧洲和西方的话语,与之混合,改造之,使之承认各种被边缘化、被压抑或被遗忘的历史"的努力,就是被萨义德称为"逆向的远行或远行回去(the voyage in)"的那种强大的、抵抗的改造运动(Said 1993a:261)。第三个方案则是一场离开分裂主义的民族主义,走向人类共同体和人类解放的运动。

在我们把这三个方案看作一个递进的方案的时候,它们之间的相互联系就变得明显了。修复共同体的过程力图明确肯定一种文化的抵抗,并在此过程中给了帝国主义的"他者"以力量。而那种对历史的解读,则利用这个力量来打破自我与他者的二分。这个方案的最后一步,则是通过结合自我与他者走向人类的解放。这个方案与萨义德关于文化的混杂性和多重认同的普遍存在,接受这些现实之必要的断言是一致的。这个超越简单二元对立的微妙运动"拒绝分裂主义和胜利主义口号的短期奉承,而支持更大的、更普遍的包容各种文化、人群和社会的共同体的人类现实"(Said 1993a:262)。这个共同体对萨义德来说就是对帝国主义的抵抗所预示的真正的人类解放(Said 1993a:272)。这不是彻底拒绝民族主义,因为在 C.L.R.詹姆斯(C.L.R. James,1901—1989)、弗朗茨·法农(Frantz Fanon，1925—1961)和革命领袖阿米卡尔·卡布拉尔(Amilcar Calbral，1924—1973)的传统中，"对帝国主义的民族主义抵抗一直是自我批判的"(Said 1993a：264)。萨义德拒绝的只是这种民族主义向本土主义的发展罢了，就像在黑人性(negritude)那里那样。

黑人性是对黑人属性、身为黑人、明确的非洲文化和非洲价值的赞美，它力图具化一个前殖民的非洲的过去。这种在被宣称的过去的荣耀的基础上复活非洲文化的需要，遭到了法农的拒绝。他写道："历史的必然——隶属非洲文化的人会发现自己把自己的主张给种族化了，他们将更多地谈论非洲文化而不是民族文化——将使他们走进一条死胡同。"(Fanon 1964：172)法农之所以会厌恶黑人性，是因为他担心：通过把文化压迫的难题性种族化，真正的解放的可能性会被削弱，因为这样一来，人们就把注意力集中在过去上。沃莱·索因卡也担心这点，他对黑人性的批判指出何以在这种建构中非洲人永远次于欧洲人。对索因卡来说，从这些角度来赞美黑人属性和厌恶非洲人一样令人作呕。黑人性的问题在于它"被自己给困住了，它陷入了一个基本是防御性的角色——哪怕它的强调是咄咄逼人的，它的句法的夸张和它的策略是进攻性的"(Said 1993a：277)。就像索因卡指出的那样，黑人性停留在对非洲的差异具有欧洲中心性的智识表述中，因而矛盾地使对非洲现实的再现陷入了那些二元对立的术语(Said 1993a：277)。

和法农与索因卡一样，萨义德也担心持续种族化的问题。正是这方面的担忧，使他拒绝黑人性。在《文化与帝国主义》中，他把黑人性描述为一种本土主义现象，并把它和其他反殖民立场，如爱尔兰语境中叶芝的立场关联起来。他认为，从统治者与被统治者之分的角度来看，它"就算同时重新评价了更弱的或者说从属的一方,也依然强化了那个区分"(Said 1993a：275)。选择某种"像黑人性、爱尔兰性、伊斯兰或天主教那样的本质的形而上学,就是为本质化而抛弃历史,而本质化则有让人类反目的力量"(Said 1993a：276)。对萨义德来说,和如此之多的问题一样,这也是一个在世性的问题,因为"这样的本质化是一种对世俗世界的放弃",这种放弃要么会导致某种基于群众的运动中的千年主义,要么会堕落为"小规模的私人的疯狂,或沦为一种对帝国主义鼓励的刻板印象、神话、仇恨和传统的不加思考的接受"(Said 1993a：276)。萨义德认为这种本土主义的本质化是对历史的放弃,这点是重要的,因为尽管历史本身是一个权力构造的欧洲中心的建构,但它的权力又使它成为一种在后殖民抵抗策略中有待思考和重建的重要话语。

对萨义德来说,在承认关于种族或民族的本质的简单化表述在认同构造早期阶段的作用的同时,超越这样的表述是必要的。我们可以通过"发现一个不是从各种交战的本质中建构出来的世界"(Said 1993a：277)来超越关于本质的简单化表述。此外,只有在我们认识到人的认同是多重的,多重的认同使人的思想可以超越他们自己的地方认同的情况下,这样的超越才是可能的。萨义德坚持本土主义的替代方案是有的,在那里,尽管"帝国主义还在运作……但解放的机会是开放的"。值得注意的是,萨义德在把解放定义为"一种使社会的意识超越民族的意识的改造"(Said 1993a：278)的时候,提到了法农。

不过,萨义德关于法农的讨论,也反映了这样一种新潮流,那就是力图把法农定位为一位全球理论家,认为只有通过使他的认同问题化,才能理解他。非裔美国批评家亨利·路易斯·盖茨就已经批评过他所谓的"批判的法农主义",这种主义把法农看作几乎一切种类的政治抵抗的象征,而这种看法又来自殖民主义的难题性与主体-构造的难题性的汇集。作为文化的精神分析师,作为大地上受苦的人们的捍卫者,法农对于认为自己是反对的、后现代的那种批评来说是一个几乎无法抵抗的人物。

(Gates 1991:458)

在这种对法农的解读中,萨义德指出,法农的作品的目标是强迫都会从去殖民化进程的角度来重新思考它的历史。他认为:

我不认为我们以任何方式应对了法农和塞泽尔或其他像他们那样的人代表的那种反帝国主义的挑战:我们也没有把他们严肃地当作当代世界中人类努力的模型或代表来对待。事实上,法农和塞泽尔……直接触及了认同和认同至上思想的问题,而当代人类学关于"他者性"和"差异"的思考也秘密地共享了那个问题。甚至斗争最激烈的时候,法农和塞泽尔也要求他们自己的党徒放弃关于稳定的认同、在文化上得到认可的定义这些固定的观念。他们说,为了使你们身为被殖民人群能够有不一样的命运,你们也必须变得不一样。

(Said 1989a:224-5)

因此,萨义德关注的焦点不是种族化的文化概念,而是一种去殖民化的文化,在这种文化中,种族不再是核心要素:在这样一种去殖民化的文化之中,意识和意识的活动将得到解放。这也是法农在《大地上受苦的人们》中从创造一种民族文化的角度来讨论的那个计划。对法农来说,我们必须驱散旧有的支配的意识形态,必须形成一种新的民族文化。对萨义德来说,一种与主流叙事相反的、替代性的非-强制性的知识,是必不可少的。驱动萨义德的,正是这种对反叙事的需求,而这个需求也是《东方学》提出的主要智识问题。"你能切割人的现实吗?"他问道。的确,人的现实经常被切割为"各种截然不同的文化、历史、传统、社会,甚至是种族"——你能切割人的现实,"然后人道地熬过切割带来的后果吗"?这个"人道地熬过后果"的策略变成了萨义德关于人类解放的看法的一个关键方面,对他来说,人类的解放意味着避免那种几乎不可避免的、把人分成"我们"(西方人)和"他们"(东方人)的切割(Said 1978a:45)。

110

萨义德的"逆向的远行"是从寻找可能的抵抗场所开始的。尽管支配性的话语在性质上是无处不在的和霸权的,但抵抗的能力还是存在的,因为"无论一种意识形态或社会系统的支配看起来是多么彻底,在社会经验中,也总有它涵盖不到和控制不到的地方"(Said 1993a:289)。在一种福柯式的权力表述(萨义德在一定程度上是支持福柯的说法的)下,这种抵抗的能力是成问题的。然而,抵抗的能力把自我重新创造为一个后殖民的、反帝国主义的主体的能力,对萨义德来说是至关重要的,而我们需要从法农对他的影响的角度来对这种对自我的再造进行语境化的考察。因为构成自由的是对认同的建构,而这又是因为人类就是他们使自己成为的那个东西,就算他们承受着压迫性的话语。就像法农说的那样,"通过重新把握自我、重新审视自我的努力,通过他们的自由的持续的张力,人才能够为一个人道的世界创造理想的存在条件"(Fanon 1986:231)。

穆斯塔法·马鲁奇已经指出"对萨义德来说,逻辑和认同的逻辑是以开创所有二元对立的内外对立为基础的"(Marrouchi 1991:70)。萨义德反对像我们/他们,或内/外这样的成对概念之间的同源对立。但同时,他也直面这个难题:认同是通过一个他者化的过程建构起来的。所有的文化和社会都是"从一种自我和他者的辩证,从一种土著的、本真的、在家的主体'我'和外来的、也许是带来威胁的、不同的、外面的客体'它'或'你'的辩证"来建构认同的(Said 1986a:40)。对萨义德来说,认同是至关重要的,因为一个人群的认同决定了他们组织知识的方式。所有人都认为他们的差异是诠释问题。比如说,"在19世纪,存在一种法国人或英国人特有的态度"的假设,意味着"存在一种法国人或英国人特有的处理现实的方式"(Said 1979:143)。对萨义德来说,他计划的核心显然就是认同问题的运作。对他来说,认同不是静止的。相反,认同是某种"每个年代和社会在作为一场涉及个体和制度的竞争之历史的、社会的、智识的和政治的过程中重新创造出来的"东西(Said 1995a:332)。因此,认为我们可以在不参照外界的情况下,从它自己的角度来解释一切文化的观念对他来说是可憎的。他也拒绝那种认为内部人士在回答这些问题上有特权的观念(Said 1985:15)。

　　萨义德对认同的独特洞见,以及对认同的表述展示了,何以在东方学话语存在的情况下,来自殖民地的知识分子还是可以通过各种挪用的策略来进行"逆写"(Ashcroft et al. 1989)。对这些知识分子来说,"逆向的远行"是一个"使用一度专门留给欧洲人的各种学术和批评的技巧、话语、武器,来正面应对都会文化"的过程。他们的挪用因为改变了"那些学科的领土"而获得了原创性和创造性(Said 1993a:293)。通过在东方学话语内部操作,这些知识分子否定了被归给他们的东方学的建构。也正是通过这个否定的过程,他们才得以变成与他们所继承的单纯的他者认同相对立的自我。法农在从一个法国人的角度,从"一个在此之前不可侵犯的、如今却遭到一个持异见的土著入侵、被他批判地重新审视的法国空间内部"来写作殖民化经验的时候做的事情,确切来说就是萨义德所说的逆向的远行(Said 1993a:295)。对萨义德来说,这要求我们对位地,同时从都会中心和从边陲来阅读文本:"问题在于知道如何阅读……而不是把这和知道读什么的问题分开。文本不是成品。"(Ashcroft et al.:312)

"文本不是成品"这个重要的论断反映了詹巴蒂斯塔·维科对萨义德的影响,特别是关于这一构想:文本是一个历史的、动态的过程的结果;文本有语境。对萨义德来说,这取决于"在维科的作品中有什么和可以有什么"(Said 1976:821,强调为原文所加)。因此,关于一个文本,重要的不仅是那里有什么,那里可以有什么也很重要。逆向的远行允许人们对文本进行推翻支配的话语之僭政的阐发。但要做到这点,就要认识到支配者与被支配者之间的关系。这是必不可少的,因为"过去两百年来大帝国的经验是全球的和普世的;它把全球的每一个角落,把殖民者和被殖民者一起牵连了进去"(Said 1993a:313)。

萨义德针对殖民经验对被殖民者和殖民者双方的影响的强调,给他的抵抗策略带来重要的后果。在这里,他直接借鉴了法农关于"民族主义意识的陷阱"的讨论。并且在这里,萨义德对法农的解读是至关重要的。他评论说,他之所以如此经常地引用法农,是因为法农比任何人更果断地表达了"从民族主义独立的领域,到解放的理论领域的巨大的文化转变"(Said 1993a:323-4)。对法农来说,在去殖民化的过程中,不仅重新创造民族的认同和意识是重要的,而且,在解放的时刻,超越民族、创造一种社会意识也是重要的。社会意识变得无比重要,因为,没有这个意识的话,去殖民化只会变成用一种形式的支配来替代另一种形式的支配。

在《文化与帝国主义》中,萨义德推测,法农通过阅读《历史与

112

阶级意识》而受到了马克思主义批评家格奥尔格·卢卡奇的影响。
这个推测,使萨义德能够把法农那里的暴力解读为"克服白人是主
体,黑人是客体的具化的综合"(Said 1993a:326)。萨义德认为,对
法农来说,暴力是使"认识论的革命"成为可能的"净化力量",暴力
引发的"认识论革命"和卢卡奇的心理意志行动一样能够克服自我
与他者的破裂和具化。在土著决定"殖民化必须结束了"的时候,
对这样的暴力的需要就出现了。对法农来说:

> 殖民体制的暴力和土著的反-暴力在一种不同寻常的互惠
> 的同质性中互相平衡,彼此对应……殖民者的工作是使自由
> 之梦对土著来说变得不可能。土著的工作则是想尽一切方法
> 来毁灭殖民者。在逻辑的平面上,殖民者的摩尼二元论生产
> 了土著的摩尼二元论,而土著则用"殖民者绝对邪恶"的理论
> 来回应殖民者的"土著绝对邪恶"的理论。

(引自 Said 1993a:327)

这段引文对萨义德关于卢卡奇影响了法农的假设来说,有两点重
要的含义。首先,存在主体和客体的具化。其次,暴力是克服这个
具化的心理意志行动。萨义德认为,法农的民族主义,不是一种出
自暴力的净化力量的简单化的民族主义。相反,法农认识到"正统
民族主义会走上帝国主义凿出的同一条轨道,帝国主义看起来是
113　把权威让给了民族主义资产阶级,但实际上它是在拓展它的霸
权"。这就允许萨义德论证,在法农那里,对武装斗争的强调是战
略性的,法农想要的是"以某种方式把欧洲人和土著结合起来,形
成一个新的,非对抗性的,有意识的,反帝国主义的共同体"(Said
1993a:330-1)。

我们在萨义德那里也可以看到卢卡奇的这个影响。对萨义德来说,克服这个具化的意志行动,就是对文化帝国主义的"逆写"。通过这个过程,一个新的"由各种流动的关系"构成的系统"必然取代从帝国主义那里继承下来的等级结构"(Said 1993a:330)。因此,解放的本质,就是一种对普世的自我的意识和认识,这个普世的自我是自我和他者的统一。萨义德之所以可能得出这样的结论,是因为在他看来,法农不仅是抵抗和去殖民化的理论家,也是解放的理论家。

一些批评家认为,尽管萨义德在《文化与帝国主义》中给了抵抗更多的关注,但他依然未能为抵抗提供一个策略,因为"他更感兴趣的,是像芭芭拉·哈萝——萨义德赞美了哈萝的抵抗文学——那样的人的有用却不是那么理论化的作品"(Childs and Williams 1997:111)。这种对萨义德抵抗理论的忽视没有考虑到一种脱离了"责备的修辞"的抵抗的性质,以及在萨义德眼中这种抵抗在后殖民社会中的无处不在。尽管萨义德及接受了福柯范式的一些特定的方面,但他也拒绝该范式的总体化效应。他要求为抵抗留出空间。他对法农和福柯的并置是特别有启发性的。对萨义德来说,法农的作品是重要的,因为

[它]程序化地把殖民社会与都市社会当作有差异但相关的实体放到一起来看,而福柯的作品则越来越不愿意对社会整体进行严肃的考虑,相反,它把注意力集中在溶解在无可避免地推进的"权力的微观物理学"中、没有抵抗的希望的个体上。

(Said 1993a:335-6)

萨义德的抵抗策略,就是"逆向的远行"、向帝国逆写的能力。这种

能力之所以是可能的,是因为人有否定他们的经验、想象另一个世界——一个更好的世界,其中殖民者和被殖民者为解放而共同努力——的潜能。

小 结

114

在萨义德看来,在我们理解文化的重要性之前,我们不可能真正理解帝国主义的力量和它的无处不在。文化就是使殖民者能够无须诉诸军事控制就改变被殖民人民的世界观的那种权力。帝国主义的意义微妙地出现在帝国列强的文本中,它是一个这些文本不必然直接提到的态度和参照的结构。在读者"对位地"阅读,从被殖民者的视点对文本做出回应的时候,这个态度和参照的结构就暴露出来了,这个结构表明,英国高文化的存在本身的关键条件,就是帝国主义。但和发展一种阅读高文化的方式的需要同样重要的是,被殖民者和前被殖民者也必须发展出一种对帝国主义的有效回应。萨义德坚决认为,与从根本上说是向后看的、自我挫败的"责备的政治"相反,后殖民人民最有效的抵抗方式是通过参与那个支配的文化,通过开始"逆向的远行"这个极其多样的混杂的文化工作——抵制,而不是简单地拒绝支配的文化。

巴勒斯坦

从篇幅来看，爱德华·萨义德关于巴勒斯坦和伊斯兰的著作，很可能构成了他的作品全集中最大的一部分，但它同时也是大多数批评家和评论者最不关注的那个部分。对一些人来说，巴勒斯坦看起来为这位文化理论家提供了一个进行任性的政治写作、持续关注一个对他最有影响力的理论关注来说依然边缘的话题的场所。但这个话题，是理解在世性主题在萨义德的思想与写作中的重要地位的关键。巴勒斯坦把萨义德自己的在世性放进了这个世界。

正如认同必然是被建构的那样，为了"逆向的远行"，萨义德不得不把自己建构为一名受害者。这位住在都会身为重要而著名的知识分子的巴勒斯坦"受害者"，在他自己的在世性中体现了使后殖民文化认同变得复杂的混杂性、发展和意志的矛盾。不过，尽管萨义德必须把边缘性建构为自己的旅行的一个特征，但要是你认为这个边缘性是欺骗性的或者说纯粹是发明出来的,那你就错了。丧失感是深刻而不间断的,但赋权恰恰出自某种丧失感。在萨义德的作品中,和在他的生活中一样,我们时不时地发现,流亡的丧失感生产出公共知识分子的赋权的距离;错位使批判的声音变得敏锐而超脱。

116   爱德华·萨义德从大学教师到巴勒斯坦活动家的转变可以追溯到 1967 年和阿以冲突,因为这场战争带来的冲击——特别是,这场战争从根本上改变了萨义德对自己在美国社会中的位置的认识——影响了他后来所有的作品。一位英语教授是怎样对这些撼动了他所认识的世界的根基的政治事件做出反应的呢?萨义德世界中的这些政治事件,肯定了在世性的重要性,并建立了他自己的作品中那一系列在世的认属。在这个早期阶段,萨义德就认识到,文本不存在于生产它们的世界之外,也正是这点,引出了他关于在世性的核心的理论思考。同样是这点迫使萨义德重构他对西方正典的迷恋,认识正典在帝国计划中的位置。萨义德不得不建立一个场所——从这个场所,他可以做出反应;从这个场所,他可以说话,并在最具策略性的层面,即在文化上介入西方扩张的计划。也正是在这里,抵抗的概念在萨义德的思想中出现了,他意识到,他该做的是向帝国逆写回去——使他的人民流离失所的条件就是帝国造成的。也正是在这里,"逆向的远行"开始了(Said 1991b)。

《巴勒斯坦问题》

尽管爱德华·萨义德在 1967 年战争后就开始就巴勒斯坦的命运展开写作了,但他第一部持久的关于巴勒斯坦的作品《巴勒斯坦问题》(1979)的目标,却是向西方的,特别是美国的读者表达一个巴勒斯坦的立场。这本书是对伴随现代以色列国家的形成而来的不义的充满激情的记述,以及一次"逆写",说明存在一种与人们通常持有的对阿拉伯人的认识——认为阿拉伯人是恐怖分子,是屠杀无辜受害者的凶手——相反的反叙述的努力。萨义德令人信服地论证了一种对以色列人和巴勒斯坦人双方的不义的再评估。根据萨义德,理解巴勒斯坦人民苦境的关键在于犹太人在牢牢抓住故国观念时的那种激烈和激情。上帝应许的感觉——甚至贝尔福勋爵也认为这是犹太复国主义的巨大吸引力的关键——意味着,巴勒斯坦人的存在从一开始就在欧洲人和犹太人对以色列国的构想之外了。

巴勒斯坦的不可见,不只是犹太复国主义宣传的结果,也是东方学话语协作的结果,东方学有一种"从西方古老的关于伊斯兰、阿拉伯人和东方的偏见衍生而来的,对巴勒斯坦人根深蒂固的文化态度"(Said 1979:xiv),这种态度使巴勒斯坦人民自己也经常贬低自己、使自己变得不可见。萨义德对"专家"及其形形色色的专业知识的鄙夷,就源于他自己对东方学的职业活动在几个世纪里造成和维持的偏见的冷感。不过,业余爱好者的进路更能够穿透堆积起来的假设和偏见——对巴勒斯坦的再现,就被这样的假设和偏见给淹没了。萨义德的目的,是保障巴勒斯坦的持续存在,并使巴勒斯坦人民的现实得到承认。简言之,他提出了这个问题:凭借什么道德权威,巴勒斯坦人要放弃对自己的民族之存在、土地和人权的要求?

建构受害者的方式,也要求萨义德含蓄地把以色列建构为西方,把巴勒斯坦建构为东方。萨义德在《弗洛伊德与非西方人》中进一步探索了这个操作的细节。对他来说,巴勒斯坦"问题",是怎样理解"认属和否定之间的竞争",这个竞争已经有百年之久了。这个竞争,见证了欧洲人的"文明化"势力与"被文明化的"阿拉伯人的斗争。这个竞争塑造了历史,"这样,这个历史现在看起来也肯定了犹太复国主义者对巴勒斯坦的要求的有效性,并因而贬低了巴勒斯坦人的要求"(Said 1979:8)。作为回应,萨义德试图反转历史的塑造,把对巴勒斯坦的占领再现为一次殖民占领,一个没有随以色列建国而结束,反而随之愈演愈烈的殖民化进程。

萨义德认为,这场殖民化的独特特征——一次救赎性的占领、上帝许诺的实现——是相当独特的,可能,可以与之相提并论的只有17世纪来到美洲的清教徒。"那种弥赛亚的、救赎的性质,"萨义德说,"对我来说是如此陌生,是如此外在于我,与我经验过的一切是如此不同,以至于它一直使我着迷。"(Ashcroft 1996:13)这次救赎性的占领,是理解历史上巴勒斯坦被抹除了这个现象的关键。以色列的建国和犹太复国主义斗争的场所不是中东,而是西方的首都城市,在那里,巴勒斯坦人的抵抗被忽视了,而"犹太复国主义者则成功了,他们声称,英国正在阻碍他们对巴勒斯坦越来越大规模的渗透"(Said 1979:23)。在这里,犹太复国主义得以使用文明使命这个经典的殖民主义战略,他们认为,巴勒斯坦大多是无主之地,那里居住的是"土著"。萨义德认为,反对这样的主张——特别是在大屠杀之后——就会被认为是在与反犹主义结盟。萨义德指出,大屠杀之后的那个时期可能代表了这样一个点,正是在这个时候,而不是在1973年战争的时候,深刻内嵌于欧洲的反犹主义开始转变为一种在根本上类似的、针对阿拉伯人的态度(1978a:285-6)。

通过消除中东的斗争,阿拉伯人和巴勒斯坦人被禁止代表自己,被认为不能代表自己,这就肯定了马克思的名言——"他们不能代表自己,他们必须被代表",这句话也被萨义德引作《东方学》的题词。萨义德认为,犹太复国主义者成功的关键在于他们占据

空间——从那里,他们才得以对西方再现和解释东方的阿拉伯
人——的能力。他们

> 把自己从最糟糕的东方的过度中解放出来,以对西方解
> 释东方的阿拉伯人,以承担表达阿拉伯人实际上是什么样子
> 以及实际上关乎什么的责任,而绝不让阿拉伯人看起来和他
> 们一样存在于巴勒斯坦。

(Said 1979:26)

在难以解释的对东方学态度的重演中,假设"阿拉伯人是东方人,
因此就不如欧洲人和犹太复国主义者重要;他们是奸诈的、恶习不
改的,等等"(Said 1979:28)。犹太复国主义之所以能造出这样的
区分,原因可以追溯到西方和伊斯兰之间的历史冲突。萨义德
指出:

> 以色列是遏制伊斯兰的手段。犹太复国主义和以色列,
> 与自由主义、自由和民主、知识和光、"我们"理解并为之而斗
> 争的东西相关。相反,犹太复国主义的敌人则只是20世纪版
> 东方的专制主义、纵欲、无知和类似形式的落后的外异的
> 精神。

(Said 1979:29)

因此,存在这样一个可觉察的转变:在19世纪的时候,人们用
服务于西方的东方学家的知识来建构西方。而现在,人们从犹太
复国主义话语的角度来建构西方了。

对萨义德来说,这个问题的关键是代表/再现问题。欧洲人和

119

犹太复国主义者对巴勒斯坦人的东方学再现的成功,有效地压制了巴勒斯坦人代表/再现自己的能力。对萨义德来说,这个过程在美国表露得最为彻底,这里是犹太人的游说最有效的地方。在美国,巴勒斯坦问题遭到了最有力的压制,阿拉伯人则被直接描绘为恐怖分子。作为一个例子,萨义德指出了在美国媒体中,梅纳赫姆·贝京——从他的书《反抗》(1972)中的证据来看,他自己就是一名恐怖分子——是怎样以"政治家"的形象出现的,而他犯下的针对阿拉伯人(和英国人)的暴行则完全被遗忘了。

萨义德认为,在1948年之前,巴勒斯坦主要但不完全为阿拉伯人所占据,而以色列国的建立则把这些人民变成了难民。在1967年战争之后,以色列又占领了更多巴勒斯坦阿拉伯人的领土。以色列的这个占领意味着,巴勒斯坦的理念不过就是被占领的领土罢了。在生活于流亡中、被剥夺了故土的巴勒斯坦离散人群那里也有一个更大的巴勒斯坦(尽管萨义德不喜欢这个术语),这个巴勒斯坦一直被边缘化。最终,萨义德认为自己的角色是联结而不是疏离。对他来说,批判犹太复国主义不是批判"一个理念或一个理论而是批判一堵否定的墙"。批判犹太复国主义也就是说,在以色列也一直有这样的需要,那就是"让巴勒斯坦人和以色列犹太人坐下来讨论他们之间尚待解决的所有问题"(Said 1979: 51)。

犹太复国主义及其受害者

尽管大多数人反对南非种族隔离制度的排除和不义,但自由派和激进派都不太愿意谴责犹太复国主义对巴勒斯坦人的排除。这种不情愿可以追溯到那些富有影响力的欧洲思想家的看法,这些思想家认为巴勒斯坦是犹太人的合法祖国,而忘记了过去生活在那里的人也认为巴勒斯坦是他们的祖国。萨义德概述了这些包

括乔治·艾略特、摩西·赫斯和几乎所有后来的犹太复国主义思　120
想家或理论家在内的思想家共享的三个观念：

> （a）不存在阿拉伯居民；（b）西方犹太人填充一片"空"领
> 土的态度；（c）恢复性的犹太复国主义计划，这个计划即将通
> 过重建一个消失了的犹太国，并把它和像受规训的、分开的殖
> 民地，一种特别的、获取土地的能动性等那样的现代要素结合
> 起来而不断重复。
>
> （Said 1979:68）

萨义德认为，我们不能把犹太复国主义看作一场犹太人的解放运
动，而必须把它看作一种力图在东方获取殖民领土的征服性的意
识形态。这样，我们就可以得出这样的结论："犹太复国主义看起
来是一个坚决排除性的、歧视性的、殖民主义的实践。"（Said 1979：
69）显然，萨义德希望阐明犹太复国主义和欧洲帝国主义之间的关
联。这样，他才能论证，巴勒斯坦问题在偏袒胜利者（以色列）的同
时使受害者（巴勒斯坦）边缘化了。

　　犹太复国主义者和过去欧洲人在美洲、亚洲、大洋洲和非洲
一样，使人们接受了这点，即［巴勒斯坦的］土地是无人占有的，
或者说，占据它的是对土地利用程度极低，或毫无利用的不开化
的人群——这就使犹太复国主义者能够为"文明化"这些原住民
而夺取他们的领土。不过，对领土的征服也不完全是一个武力问
题。萨义德指出康拉德是怎样论证这点的：征服对那种"用取自
科学、道德、伦理和一种普遍的哲学的论证来使纯粹的武力变得
高贵（并实际上促进了这种武力的行使）"的观念来说还是次要
的（Said 1979:77）。

接着,萨义德又回到了他在《东方学》中探索过的那个主题——权力与知识之间的关系。就巴勒斯坦而言,最终见证了以色列立国的犹太复国主义的故国观念,是从19世纪中期以来便一直在参与对此区域的探索的英国学者、行政官员和专家所积累起来的知识中被事先准备好的。正是这种知识,允许犹太复国主义坚持类似于英国帝国事业的论证。通过利用欧洲殖民主义的辩护,犹太复国主义有效地采纳了欧洲文化的种族概念。尽管在《东方学》中,萨义德已经指出反犹主义针对的目标是怎样从犹太人变成阿拉伯人的,但他也认为,犹太复国主义本身也把这样的再现内化了,从而使巴勒斯坦人变成了落后的、因而需要被支配的人。

不过,巴勒斯坦的殖民化又不同于其他的殖民迁占国家。它不只是建立一个殖民者阶级,然后把原住人口动员起来服务于这个阶级利益的问题。相反,这个计划的必然结果是取代巴勒斯坦人,并创建一个属于所有犹太人民的、拥有"一种其他国家都不曾有过或没有的对土地和人民的主权"的国家(Said 1979:84)。萨义德指出,这个事业取得成果的方式就包括把巴勒斯坦人再现为一种反常,认为他们挑战了上帝赋予"应许之地"的地位。

犹太复国主义的成功,不只要归功于它打造的以色列观念,也要归功于它着手完成那个任务的方式:它发展出一个非常详细的政策,其中一切"都在细节上得到精确到毫米的研究,得到解决、计划、建设,等等"(Said 1979:95)。巴勒斯坦人是不可能对抗这种被动员起来反对他们的组织、行政和话语权力的。而他们在回应上的失败,他们在回应犹太复国主义的有效性上彻底的毫无准备,则是1948年巴勒斯坦人出逃的主要原因。而且,萨义德称,自那时起,以色列就一直在成功地参与一场旨在根除阿拉伯人在巴勒斯坦踪迹的战役。萨义德写道,对巴勒斯坦的阿拉伯人来说,这意味着,他们忍受和"经历了从一种悲惨境况到另一种悲惨境况的可怕变化,他们有充分的能力见证,却不能有效地表达她或他在国民身份的层面上在巴勒斯坦遭受的灭绝"(Said 1979:103)。对留在以色列的巴勒斯坦阿拉伯人来说,这意味着他们和犹太人的明显区分。

尽管官方拒绝承认巴勒斯坦人在以色列的政治权利,但在巴勒斯坦人那里,却出现了一种捍卫他们的法律和文化认同的抵抗的文化。在这些条件的作用下,巴勒斯坦人的在场终于出现了,"犹太复国主义的理论与实践也终于得到了大量国际批判的注意"(Said 1979:111)。在过去一百年里,犹太复国主义在犹太人和巴勒斯坦人身上都留下了不可磨灭的印记。对后者来说,认识到这点是重要的,尽管有多方协作的努力致力于把他们纳入中东各地,但他们却持续存在,保持着他们的文化、他们的政治和他们的独一无二性。

尽管在一定程度上与南非和黑人受到驱逐——在南非,黑人被驱逐到依然在该国境内的班图斯坦——有所共鸣,但巴勒斯坦人却是要么在他们自己被占领的领土上,要么在他们逃往的阿拉伯邻国的土地上遭到驱逐。这就引起了大量额外的来自不是特别适应巴勒斯坦人的东道国的压力。这意味着,巴勒斯坦人和阿拉伯国家也有一种纠结的关系,后者在国际上大体是支持巴勒斯坦人的事业的,但同时,它们又不时地把巴勒斯坦人逐出自己的领土。对萨义德来说,这就是为什么"巴勒斯坦人没有在巴勒斯坦外建构出自己的生活;他不可能把他自己从他总体流亡的丑闻中解放出来;他所有的制度都在重复他流亡的事实"(Said 1979:154)。

巴勒斯坦的国民诗人马哈茂德·达维什在其诗歌《身份证》("Bitaqit hawia")中就捕捉到了这个流亡的境况,这首诗雄辩地描绘了巴勒斯坦人独有的困境:一种在巴勒斯坦外创造和重新创造流离失所的、争夺中的认同。

萨义德曾对巴勒斯坦解放组织及其领袖亚西尔·阿拉法特寄以厚望。对萨义德来说,阿拉法特领导下的巴解组织,像纳尔逊·曼德拉领导下的非洲国民大会一样象征着自由。巴解组织,这个在流亡中运作的组织,变成了这样一个地方,在这里所有的巴勒斯坦人都可以被接纳——这是组织的一大成就,尽管它的领导权和政策都很弱。它使"巴勒斯坦事业活了下来,这个事业比临时的组织和政策都更伟大"(Said 1979:165)。巴解组织的出色要归功于阿拉法特的领导。萨义德称,阿拉法特以极为明确的、专注于细节的方式处理各种影响巴勒斯坦的问题。

萨义德对巴勒斯坦的政治考古,是为他的人民立言的一次尝试。但通过这个考古,他也认识到,巴勒斯坦人的未来与以色列人密不可分。因此,萨义德是最早提出巴勒斯坦人和以色列人这两个有各自独特的历史环境和历史介入的社群需要对他们的现实妥协,并认识到这是在此区域实现长久和平的唯一方式的巴勒斯坦人之一。

对伊斯兰的再现

123

尽管西方再现伊斯兰的方式一直是萨义德作品中一个持续的主题,但直到《报道/遮蔽伊斯兰》(1981年;1997年再版,新加了一个导言)出版,它才成为一个明确的主题。这本书是包括1978年的《东方学》和1979年的《巴勒斯坦问题》在内的三部曲的一部分。《报道/遮蔽伊斯兰》从根本上要做的是暴露当代西方,特别是美国对伊斯兰的再现。在一开始,萨义德就明确了这点,即伊斯兰不是一个铁板一块的建构或实体,它是复杂的、五花八门的,世界上有超过十亿的人在实践它。尽管有这些复杂性,但在西方,伊斯兰一直被"报道/遮蔽",而媒体——相比于其他任何机构——则更多地"描绘它,总结它的特征,分析它,拿它来说事,结果它们使它'为人所知'了"(Said 1997:li)。

自从1970年代初的OPEC石油危机以来,伊斯兰就变成了一只无所不包的替罪羊。而且,对伊斯兰的反感也跨越了整个政治的光谱,在那里"对右翼来说,伊斯兰代表了野蛮;对左翼来说,伊斯兰代表了中世纪的神权统治;对中间派来说,伊斯兰代表了一种讨厌的异国情调"(Said 1997:lv)。萨义德没有着手为过多的所谓的"伊斯兰国家"辩护,因为对于这点他再清楚不过了:在这些国家,也存在大量的压迫、对人的自由的侵犯和对真正的民主的否定,而所有这一切都因为以伊斯兰为参照而变得合法了。相反,他花了很大的力气指出,我们需要把作为一种宗教学说的伊斯兰和关于伊斯兰的话语分开,后者无论在东方还是西方都和权力问题密不可分。

《东方学》记录了东方是怎样为了西方而被文本地建构出来的。当代的伊斯兰的东方更加重要,因为它有丰富的石油资源和战略性的地缘政治位置。正因为这个,大群的专家才聚集起来,使这个伊斯兰的东方变得对西方可见。更重要的是,通过大众媒体,伊斯兰变成新闻的一大项目和一件可供大众消费的商品。

穆斯林和阿拉伯人在本质上被当作石油的供应者或潜在的恐怖分子来报道、讨论和理解。几乎不带什么细节,人类的命运,阿拉伯-穆斯林的生活的激情就这样进入了那些甚至以报道伊斯兰世界为职业的人的意识。

(Said 1997:28)

我们需要把战后的这些再现放到这样一个背景下去看:当时美国在现代化学说上投入很大,而这个学说在过去、在现在都得到了学院大多数部门的坦然支持。现代化理论带来的一大后果是这样一种分类方式,第三世界大部分地区被划分为落后的、需要现代化的区域。对伊斯兰的种种再现也倾向于支持这样的概括。而如今,考虑到当代世界的复杂性——你不能再通过简单应用普世地建构出来的命题来理解它——这样的概括就显得愈发古怪了。

这些问题在伊朗那里表现得尤为明显。一方面,沙王看起来是典型的现代统治者,而伊朗看起来也肯定了现代化理论的论断。另一方面,在沙王倒台后,这个国家又被妖魔化为狂热的伊斯兰原教旨主义的基石,不仅对这个区域,也对整个"文明"世界带来了威胁。"东方学与现代化理论契合得很好"(Said 1979: 30)也就很难说是令人奇怪的了。伊朗的沙王被看作在"解救"他的人民——使他们现代化和西化。伊朗革命则变成了伊斯兰原教旨主义的明显证据。人们很少考虑像阿里·沙里亚蒂那样的伊朗批评家的工作,沙里亚蒂认为"我们必须把伊斯兰当作一种令人振奋的对人的挑战,而不是一种对人或神的权威的被动服从来亲身经历"(Said 1979:68)。在附近的以色列,贝京的政权也"十分愿意用宗教的权威和用非常落后的神学学说来支持自己的行动"(Said 1979:31)。萨义德指出,大多数分析者未能对此做出评论。显然,对萨义德来说,西方媒体无疑是在搞双重标准:以色列的宗教癖好几乎不被提及;而伊斯兰则被当作了解释一切的原因,中东固有的问题和西方的恐怖主义都被归咎于伊斯兰。

在大众媒体中可以找到的意象和再现,也在文本上得到了再生产。萨义德极为清晰地记录了在包括迈克尔·沃尔泽、罗伯特·塔克、丹尼尔·帕特里克·莫尼汉和康纳·克鲁斯·奥布莱恩在内的许多作家那里,伊斯兰教是怎样以负面的形象作为美国的忌惮之物而出现的。毫不奇怪,著名的现代化理论家萨缪尔·P. 亨廷顿的新作就叫"文明的冲突"。在冷战后,发明一个新的敌人、一个新的"他者"就是亨廷顿的世界观的特征。在亨廷顿设想的世界中,"文明的冲突"将主导世界政治。亨廷顿的论证是,在冷战结束之前,冲突一直主要基于西方文明内部的冲突。然而,在后冷战时期,他认为,冲突将不再出现在西方,而将在西方与非-西方文明之间发生。然而,最令亨廷顿担忧的是伊斯兰,他认为,尽管西方和伊斯兰有长期冲突的历史,但这个冲突在海湾战争中达到了顶点,后者也明确地展示了文明的冲突。对西方来说,下一次对抗主要来自伊斯兰。萨义德指出,亨廷顿的论文和随后的书的题目均取自伯纳德·刘易斯的论文《穆斯林愤怒的根源》,在那篇论文中,刘易斯认为伊斯兰为现代性本身而愤怒,这个论证也响应了厄内斯特·盖尔纳的作品。

就像对东方的再现给东方带来了严重的后果一样,这样对伊斯兰的再现也引出了一个重要的后果。萨义德说的不是"外面的某个地方存在一个'真正的'伊斯兰,而媒体则出于卑劣的动机曲解了它"(Said 1979: 44),萨义德说的是,西方媒体的伊斯兰变得无处不在。"媒体的伊斯兰、西方学者的伊斯兰、西方记者的伊斯兰和穆斯林的伊斯兰都是在历史上发生的,在历史上只能被当作意志和诠释的行动来对待的意志和诠释的行动。"(Said 1979: 45)结果,萨义德说,我们在这里面对的"是各种最广义的诠释的共同体"(Said 1979: 45)。考虑到通信的革命,重要的是这种再现不再限于西方受众,也被呈现到全球的受众面前。美国人几乎没有什么机会能看到伊斯兰世界,他们能看到的只有陌生、外异和威胁。反过来,在伊斯兰世界,这些再现又引起了一种反应,后者指出了伊斯兰在世界上的正确位置。这又创造了一种反-反应,这样,一个没完没了的回应与反应的循环出现了。萨义德认为"所有这些相关的、简化的'伊斯兰'的意义相互依赖,因为它们维持了这个两难境地,所以,我们应该一视同仁地拒绝它们"(Said 1979:55-6)。

在描画西方对伊斯兰的再现的时候,萨义德希望说明知识与权力之间的关系并展示,"报道"伊斯兰涉及一种诠释的政治。他认为伊斯兰研究不是价值无涉的学术行为,它受到了当代的压力,比如地缘政治方面的关注和美国外交政策的考虑的支持。萨义德拒绝许多东方学学者坚持的对他们的工作来说至关重要的所谓的学术客观性。决定对伊斯兰负面描述的是社会中有权力的那一部分人,他们"有权力和意志传播特定的伊斯兰意象,而这个意象也因此而变得比其他所有意象更流行、更在场"(Said 1979:144)。

不过,萨义德认为,不是所有的知识都需要被污染,或真的被污染了。就伊斯兰而言,他指出存在一种替代性的知识——一种由反流行的正统来写作的人收集的相反的知识。这是一种从边缘生产出来的知识,它更微妙,不会想当然地预设什么。萨义德明确表示他更欣赏这样的知识,同时也承认所有的知识都是有位置的,都基于认属性的诠释。这些主题,变成了萨义德在《世界、文本和批评家》(1983)中关于文本的看法的核心。他认为,他文化的相反的知识是值得欣赏的,因为写作者"可以对一种与被研究的文化和人民的非强制性的联系做出答复"(Said 1979:163)。而且,考虑到知识就是诠释,"给它知识的地位,或拒绝它,认为它配不上知识的地位的"是社会活动(Said 1979:164)。对萨义德来说,"谁决定什么构成了这个知识"这个显而易见的问题不只取决于作者,也取决于读者。在萨义德看来,读者不是被动的参与者,而毋宁是诠释的一个主动的、固有的部分——考虑到他或她自己的认属。

自1981年《报道/遮蔽伊斯兰》初版以来,伊斯兰被再现的方式进一步恶化了。萨义德指出何以"原教旨主义"这个术语往往会变成伊斯兰的同义词:"一般读者会认为,伊斯兰和原教旨主义在本质上是一回事。"(1997:xvi)他认为,在西方,对伊斯兰的再现是被一个包括学界、政府和媒体在内的制度的网络建构出来的。但是,这并不是全世界数百万人认识的那种"伊斯兰"。这是一种西方造出来或报道出来的伊斯兰,它构成一种特别的诠释,而这种诠释又出自一段征服和支配的历史。

127

对伊斯兰的再现,是巴勒斯坦问题的一个重要部分,因为这样的再现经常被用来压制巴勒斯坦人的声音,而巴勒斯坦人多数信仰伊斯兰教。对萨义德来说,巴勒斯坦人必须得到允许才能说话,他们必须要求"叙述的许可"(Said 1984b),因为他们的声音被压制了。这个压制不只是他们的流离失所造成的,也不只是以色列和美国对他们的政治空间的支配造成的,而且也是阿拉伯国家造成的——对这些国家来说,他们一直是一个"问题"。萨义德认识到,我们不可能要求巴勒斯坦人或以色列人放弃他们各自对民族认同的追求,但他指出,对这两个社群来说,必须要做的事情是接受这个事实,即他们的苦难的历史、他们的起源和他们的生存需要是他们共同的历史之不可避免的、交织的特征。

《最后的天空之后》

在《最后的天空之后》中,萨义德认识到,对他者的排除是认同的构造的核心。"所有文化都在维持一种自我与他者的辩证关系,主体'我'是土著的、本真的、在家的,而客体'它'或'你'则是外来的,也许是带来威胁的、不同的、外面的。"(Said 1986a:40)认同是一个意指问题,它是一个符号,这个符号通过它与其他符号的差异而获得意义。巴勒斯坦问题的核心,就是解决这个令人焦虑和不安的认同问题这一难题。怎样在不妖魔化他者的情况下,为自己的认同创造定义性的边界呢?

《最后的天空之后》是这样一本书:在书中,萨义德——尽管是简短地——偏离了他的三部曲计划,即暴露知识和权力的认属是怎样创造出对东方的特定再现的。这本书则力图记录巴勒斯坦困境的痛苦,揭露人民在接受他们的境况上的怀疑和争吵。萨义德主要关注的是后来成为他自己的巴勒斯坦性一部分的那些问题——错位、失所、流亡和认同。在书中得到探索的一个关键主题是"巴勒斯坦的历史把'内人'(巴勒斯坦的阿拉伯人)变成了'外人'"(Rushdie,见 Said 1994c:109)。

128　　　萨义德提供了一些例子来说明,何以在普通巴勒斯坦人那里,创造一个内部的、私人的空间是他们在日常生活中多次重复的实践。这清晰地表现在他们使用的间接的语言,以及他们从事的像健身与空手道那样的身体活动上。尽管这本书主要是一篇影像论文,但它却提供了一个绝无仅有的窥见主导萨义德自己的认同建构问题的途径。"你试着去习惯与外人一起生活,并没完没了地试图定义在内部什么是你的。"(Said 1986a:53)尽管巴勒斯坦人在巴勒斯坦的处境和萨义德在纽约的处境截然不同,但这个自我改善的过程却极为相似。

　　　　我们是信息与信号、暗示与间接表达的人民。我们找出彼此,但因为我们的内部总是在某种程度上被他者(以色列人和阿拉伯人)占据和扰乱,所以,我们发展出一种**通过**既定的东西来说话,拐弯抹角地表达事物的技艺,在我看来,这样的表达是如此神秘,以至于甚至我们自己也会感到困惑。

(Said 1986a:53)

萨义德指出,巴勒斯坦人不可能触及"内部",al-dakhil,这个内部既指如今被以色列控制的历史上的巴勒斯坦,也指的是私密,是一种群体的成员形成的团结创造出来的墙。他论证的不是,不可能存在内部。相反,他是在试图解释何以对这种内在状态的追求是巴勒斯坦人的经验的一部分。如此,"在最后的天空之后没有天空。在最后的边界之后没有土地"(Rushdie, in Said 1994c:108)。

责备受害者

在他和克里斯托弗·希钦斯编辑的《责备受害者》中,萨义德展示了在美国,有一场持续进行的压制巴勒斯坦问题的运动。他的计划在这本书的副标题("虚假的学术和巴勒斯坦问题")中得到了很好的总结。压制之所以可能,是因为美国对以色列的巨大支持——既给它提供在国际上发表言论的场所,又给它提供直接的援助(以色列是美国最大的受援国)。这些事实使萨义德得出结论,"对犹太人政权的运作来说,美国对以色列的支持是必要的,犹太人的政权几乎完全依赖于美国"(Said and Hitchens 1988:2)。

萨义德指出,为这个支持提供辩护的需要意味着,在美国,几乎不会有对以色列的政策和实践的批判反思。相反,以色列被视为一个成功的故事,在这个故事中,民主的理想得到了实现,而它邻近的阿拉伯国家则被描绘为恐怖分子。因此,萨义德写到,阿拉伯人被再现为"疯狂的伊斯兰狂信者,无辜残杀无辜者的暴力的凶

129

手,非理性和野蛮到令人绝望的原始人"(Said and Hitchens 1988:3)。以色列的野蛮的现实——这点,早在它1982年入侵黎巴嫩的时候就得到生动的展示了——就在巴勒斯坦人的斗争和抵抗叙事要求的说话"许可"被拒绝的时候,直接消失了。在美国,一切对这样的叙事开放的空间都会遭到质疑,因为无论巴勒斯坦人说什么,都"得有证据,都要遭到质疑,都会引起争论和论战"(Said and Hitchens 1988:11)。

正是在这个背景下,萨义德暴露了那种得到东方学传统认可、受美国著名知识分子支持的虚假的学术。比如说,他说明了在1984年的时候,乔安·彼得斯的书《自远古以来:阿拉伯人-犹太人关于巴勒斯坦的冲突的各种起源》怎样创造出这样的印象:在1948年以前,不存在真正的巴勒斯坦人,巴勒斯坦人事实上是为了质疑以色列的合法地位而编造出来的东西。尽管这本书在以色列和欧洲都遭到了质疑,但它却在美国得到了赞扬(除两篇批判的书评外)。彼得斯的书不是孤例。萨义德展示了那些在其他地方为不义背书的——比如说,迈克尔·沃尔泽在他那本《出离与革命》中就是这么做的——德高望重的知识分子怎样接受拒绝听取巴勒斯坦人的叙事的可疑论断。

萨义德认为,也许这种学术最糟糕的例子可见于本杰明·内塔尼亚胡的那本题为"恐怖主义:西方怎样才能取胜"的书。当时还是以色列大使的内塔尼亚胡编辑了那本书,它是华盛顿的乔纳森中心举行的一次会议的成果。萨义德看到了这个反讽:像内塔尼亚胡这样的恐怖主义的受害者竟然"得到了用他们的名字来命名的中心和基金会,更不用说巨大的媒体关注了,而'附带'伤亡的阿拉伯人、穆斯林和其他非白人死了就是死了,不会得到'我们'的计算、哀悼和承认"(Said and Hitchens 1988:151)。内塔尼亚胡的书记录了现代的恐怖主义,他认为这种恐怖主义与伊斯兰的激进主义有关。正是这些再现,迫使萨义德认为,对巴勒斯坦人来说,这是一个"责备受害者"的案例。

流离失所的政治

从他开始写作巴勒斯坦人的流离失所开始,萨义德关于巴勒斯坦的计划就一直是对侨居国外的、流亡的巴勒斯坦读者和西方读者说话。他一直专注于这个任务,那就是记录巴勒斯坦人的在场,"试图改变公众的意识——在公众的意识中,巴勒斯坦人根本就不存在"(Said 1994c:xvi)。不过,在很早的时候,这点就变得明显了:萨义德并不是巴勒斯坦民族主义的辩护者——他持续地批判炸弹袭击等,认为这样的行径损害了巴勒斯坦事业。与为巴勒斯坦民族主义辩护相反,他力图用普世的原则来指出他的人民所遭受的不义。正是这个投入,使萨义德在世界上所有的边缘人群那里成为一个重要的人物。

占据这样的一个位置,有时要求他采取一种反对他一直热情支持的事业的领导人的立场。1989 年,他对巴解组织持高度批判的态度,他声称巴解组织的代表腐败无能,他们未能与美国社会处好关系。他经常重复这个批判,声称巴解组织通过中间人来操作,而没有把注意力集中在美国公民社会上的策略是错误的(Said 1995a)。萨义德揭露了何以在很早的时候他就已经摆脱对巴解组织领导人的幻想了,他还谈到他在见证他们做出像在海湾战争期间支持萨达姆·侯赛因那样的决定时的绝望,以及何以"我们已经不再是决心要解放的人民了;我们已经接受了低程度的独立这个更小的目标"(Said 1994c:xxiii)。在为萨义德的书《流离失所的政治》写的一篇书评中,汤姆·奈恩指出,它读起来很像一部关于萨义德的介入的回忆录,以及它是"一次回顾粉碎他的痛苦与羞辱——尤其是在这些痛苦和羞辱是'他自己这边'的人施加给他的时候——的旅行"(Nairn 1994:7)。

随着梅纳赫姆·贝京的利库德党的运动——该党把所有抵抗当作恐怖主义来对待,并因而把他们对巴勒斯坦地区的入侵说成是为了防止恐怖主义的"疾病"——的展开,巴勒斯坦人的境况大大恶化了。直到1987年12月的起义(intifadah)——萨义德称之为"现代伟大的反殖民起义之一"(Said 1994c:xxvii)——开始,因为西方电视屏幕上播放了以色列士兵屠杀巴勒斯坦人的影像,舆论才发生了变化。不过,起义夺取的主动权又丧失了,而在海湾战争后,中东的和平是通过谈判来达成的,在实际的谈判中巴解组织起到的作用也大大缩小了。

正是在这个阶段,萨义德失去了他对巴勒斯坦领导人的信仰,并退出了巴勒斯坦全国委员会。萨义德不是巴解组织的成员,而是流亡的巴勒斯坦议会的成员,指出这点是重要的。他支持能带来更强保障的、更强硬的立场,却发现巴解组织乐于"抛弃原则和战略目标"(Said 1994c:xxxii)。自那时起,萨义德就成了历史上1993年8月30日的原则宣言的最热情的批评者之一,该原则见证了巴勒斯坦人和以色列人的相互承认,并最终促成了一个和平协定,使巴勒斯坦人在西岸和加沙地区取得了一定的自治。

考虑到萨义德是最早提倡互相承认的人之一,提出这个问题是重要的:为什么萨义德要批判这个进程呢?对萨义德来说,从根本上说,这个和平协定是巴解组织和阿拉法特一方的屈服,他们变成了以色列政权的安保机器,而巴勒斯坦人的境况和巴勒斯坦人的地位则没有发生任何变化。

　　因此，看起来，巴解组织已经结束了**起义**。起义体现的不
是恐怖主义或暴力，而是巴勒斯坦人抵抗的**权利**，就算以色列
依然占领着西岸和加沙地区，就算它还没有承认自己事实上
是占领国，这个文件首先考虑的是以色列的安全，而根本没有
考虑到以色列对巴勒斯坦人的侵犯。

（Said 1994c：xxxv）

对萨义德来说，这个协定没有对过去的不义做出任何补偿，也没有
为巴勒斯坦人的丧失或流离失所感到悔恨，相反，它只是把巴勒斯
坦人无限期地移交到被占领的领土上。它也没有给这些区域外依
然在流亡的数百万巴勒斯坦人任何的承认。萨义德的愤怒和挫败
反映在他在那以后的作品中，这些作品一直在强调巴勒斯坦的困
境，提出关于各方的问题，但最重要的是，在这些作品中萨义德一
直坚持那些驱动他整个事业的原则和价值。在退出巴勒斯坦全国
委员会后，因为批判巴解组织及其支持者（比如说埃及），所以萨义
德在巴勒斯坦政治中占据了一个矛盾的位置。决意"对权力说真
话"——无论掌权的是谁——的他在这场争论中的立场一直是矛
盾的。

《和平及其不满》

　　在《和平及其不满》中，萨义德放弃了他传统的受众，可以说转
而直接对巴勒斯坦人和阿拉伯人说话。这本书的一个版本一开始
是在埃及出版的，题为"加沙-耶利哥：一种美国的和平"。萨义德
不再只需要在西方强调巴勒斯坦事业了。相反，直接介入巴勒斯
坦人民本身也很重要。他指出，这是"我第一本在写作时从头到尾

132

想的都是阿拉伯读者的书"(Said 1995a：xix)。这本书是一本论文集,收录的论文大多在阿拉伯报纸上发表过。它记录了萨义德在和平协定签署时的愤怒和遭到背叛的感觉。反对和平进程这个想法本身看起来就暗示了,人们关于萨义德这位"恐怖的教授"的论断可能是真实的——当然了,谁会想反对和平呢? 然而,克里斯托弗·希钦斯在前言中指出,萨义德是

> 这样一个孤独的个体:这个人本可以通过保持沉默或随波逐流而混得很好,但他最近却被认为病得不轻,他竟然选择强调不受欢迎的真理:强调"人们不想听的东西"。

> (Said 1995a：xii)

这不是说萨义德反对和平——说到底,和平恰恰是他三十年来一直在坚定地追求的事业。相反,他担心的是对巴勒斯坦人权利的持续侵犯。现在,和平协定认可了这样的侵犯。真正的和解不可
133 能是强加的:它必须通过真正的谈判来实现,而谈判恰恰是在这个场合下不可能发生的事情。

对许多阿拉伯知识分子来说,和平进程意味着,他们再也看不到持续折磨巴勒斯坦的那些内在的问题了。然而,坚守他作为公共知识分子承诺的萨义德却在持续地引起辩论,力图开放讨论,提出令人尴尬的问题。正是这方面的投入驱使他、允许他设想另一种未来——在那里,相互的承认将变得不一样,将不再意味着他的人民的屈服。这不是说,萨义德是一个热情的民族主义者。相反,他一直是看起来渗透了阿拉伯世界民族主义的大部分内容的特别尖锐的批评者。我们需要在这个语境中理解他对伊斯兰的看法。

他对萨尔曼·拉什迪毫不动摇的支持,证明了他的反对立场。萨义德在他的作品中再现的伊斯兰"反而基于这样的观念:伊斯兰世界内外存在各种诠释的共同体,这些共同体在平等的对话中彼此交流"(Said 1995a:338)。他关于巴勒斯坦的看法始终如一,他也一直担心阿拉法特建立的那种统治。

小　结

究其一生,爱德华·萨义德都致力于要求获得叙述巴勒斯坦人的故事的许可,这个叙述一直是由以色列和美国来做的。在西方和阿拉伯世界,萨义德一直是一个充满争议的人物,他拒绝遵循任何党派路线。就像埃拉·肖哈特指出的那样,我们需要把萨义德的介入看作一个"通过谈判,为一种在一个特定的智识与政治计划遭到压制的民族叙事争取一个话语空间"(Shohat 1992:121)的人的介入。他的"逆向的远行"引起了充满激情的回应,这些回应既证明了他的在场,也证明了他通过翻转犹太人的经验的范畴,把这些范畴应用于巴勒斯坦的案例——流亡、无家、流离失所和格格不入——而引发的愤怒。不过,这一境况引起的丧失意味着,萨义德变成了最著名的流亡者之一,他冲破重重困难,给了他的人民和他们的困境一个声音。萨义德关于巴勒斯坦的作品体现了"个人的"和"政治的"维度,并影响了他的理论立场,这个立场认为,世俗的知识分子需要坚定地植根于在世性——尽管他所在的这个世界一直在持续地变动,并且在这个世界中,刚性的边界几乎没有什么意义。

6

萨义德的晚期风格

在萨义德去世几周前在《民族》上发表的一篇文章《不合时宜的沉思》中，他评论了一本关于贝多芬的书。在评论中，他谈到了"晚期风格"，这个概念异常准确地展示了在他生命的最后几年里他自己的作品的一些元素。与人们可能会在一个人最后的作品中预期的"和解和某种总结了长期高产的职业生涯的闲适宁静"相反（在萨义德这里，这种总结可能以对他关于东方学的伟大工作的总结的形式出现），我们发现的是某种接近于阿多诺对晚期风格的描述的东西："暴力，实验的能量，以及最重要的拒绝任何关于一种在富有成果的职业生涯结束时到来的治愈系的、包容性的闲适宁静的想法。"也许，在知道他不会有安宁的老年，或者说他的职业生涯不会有一个闲适宁静的总结的情况下，萨义德最后的岁月表现出一阵能量的爆发，一种智识的绽放，它"颠覆了我们关于连贯、有机的完整性和工作的整体性的想法和经验"。至少从1995年的论文

《作为晚期性本身的阿多诺》开始,萨义德就着迷于晚期风格了,而在晚期风格的三个主要特征——实验的能量;变异性和多样性而不是连贯性;对先前的智识努力模型的回归——中,我们也看到了萨义德身上的晚期风格的特征。

萨义德最后的作品,《论晚期风格》《弗洛伊德与非欧洲人》和《人文主义与民主批评》展示了一种不知疲倦的能量,一种在人文学科的中心恢复人文主义的欲望。但在讨论这些之前,我们可以先谈谈在他去世前后汇编的访谈文集,这些访谈集在某种意义上做了相反的事情:它们汇编和综合了萨义德在为巴勒斯坦人谋自由、对权力说真话和知识分子的角色上激情投入的一生。在《权力、政治与文化:爱德华·萨义德访谈录》(2001)、《文化与抵抗:爱德华·萨义德谈话录》(2003)和《爱德华·萨义德访谈录》(2004)中,我们找到了一种对他毕生工作的强力总结,而在阅读这些出自过去三十年的访谈的时候,我们会被以下事情打动:萨义德经常回应关于巴勒斯坦的错误,甚至是荒谬的刻板印象式的看法;他一直坚持自己及作为批判各方权力的知识分子的立场;他在接受每一次访谈时都耐心而乐于回应;他在反对理论潮流时几近于顽固地坚持精神的独立;自罹病到生命的尽头,他一直保持不懈的投入和惊人的高产。这些访谈依然是热门话题,因为它们充分阐明了他出版的作品。这些用英语和阿拉伯语写出和说出的访谈集揭示了萨义德身为公共知识分子是多么高产,无疑,这个事实也关系到他一生的巨大影响力。

关于晚期风格:逆流的音乐和文学

但在他最后的作品中,吸引我们的注意力的还是"晚期风格"。我们可以认为,"晚期风格"是萨义德在时间方面的三大关注中的最后一个。第一个关注,是对"开端"的兴趣,这个兴趣引出了他早期的著作《开端:意图和方法》;第二个关注,是对时机性的关注,时机性可以用在世性这个术语来描述,而就像我们已经论证过的那样,在世性支撑了他所有的写作。"晚期风格"适时地吸引了他晚年的注意力。我们经常认为,晚期作品符合人们广泛接受的关于年龄与智慧的看法,表现出"一种经常表现为寻常现实的奇迹般变形的新的和解与宁静的精神"(Said 2006:6)。但萨义德感兴趣的那种晚期风格则是以不妥协、困难和未解决的矛盾,而不是和谐与定论为特征的。这是一种"涉及一种不和谐的、不宁静的张力,以及一种反其道而行之的故意不生产的生产性的"风格(Said 2006:7)。"在世性"与"晚期风格"之间存在一种有趣的张力,因为尽管在世性是萨义德对文本、文本在这个世界中的存在的环境的看法的基础,但在涉及他关于人文主义的话语的时候,他"最感兴趣的是那些环境与个体的人文主义者之间的那种对立、对抗的辩证关系,而不是遵从或认同"(Said 2006:43)。"晚期性"给了人文主义探索和生产的优势。

贝多芬提供了晚期风格的关键。在他的晚期作品中,我们找到了一种不同于他的早期音乐的、新的私人抗争感和不稳定感。"贝多芬最后十年的杰作,"萨义德说,"就它们超越了自己的时代而言是晚期的。从它们大胆的、惊人的新颖性来看,它们领先于时代;就它们描述了一种对被历史的不断前进遗忘或抛在身后的领域的回归或返家而言,它们又晚于时代。"(Said 2003b)晚期风格可以描述的不只是个体的职业生涯。就像乔伊斯和艾略特那样的艺术家看起来完全脱离了他们的时代,而向古代的神话或像史诗或古代的宗教仪式那样的古代形式回归寻找灵感而言,我们也可以把文学的现代主义本身看作一个晚期风格现象。

137

　　萨义德是从阿多诺那里获得他对晚期风格的深刻兴趣的,阿多诺关于晚期贝多芬的断章《贝多芬的晚期风格》识别出这样一个时刻,在这个时刻,艺术家完全掌控了他的媒介,却放弃与他所属的已确立的社会秩序沟通,这意味着"一种形式的流亡"（Said 2006:8）。对阿多诺来说,贝多芬的"晚期作品依然是过程,但这个过程不是发展;而毋宁说是极端之间的起火,这就使得任何中间地带或自发的和谐变得不再可能"（Said 2006：10）。贝多芬使阿多诺如此着迷,因为这些晚期作品预示了我们时代的现代音乐的新颖之处（Said 2006：13）。与综合作曲家的中期、人道感以及因此而来的对一个更好世界的认识相反,他的晚期作品拒绝综合并"主导了音乐对新的资产阶级秩序的拒绝,并预见了勋伯格的完全本真和新颖的艺术"。

　　　　晚期性是在最后的,完全清醒的,充满回忆的,但也非常（甚至是异常地）注意当下的。因此,和贝多芬一样,阿多诺成为晚期性本身的一个形象,一个不合时宜的、讲述丑闻的,甚至是灾难性的当下评论者。

　　　　　　　　　　　　　　　　　　　　　　（Said 2006：14）

138　在这里,有趣之处在于,在何种程度上阿多诺对贝多芬的晚期风格的兴趣反映了他自己的晚期性。的确,萨义德称,阿多诺以晚期贝多芬为批评的模型（Said 2006：21）。这意味着在阿多诺那里,有一种对社会可能提供的多种回报的拒绝。"阿多诺是一个晚期人物,"萨义德说,"因为他做的那么多的事情,与他自己的时代剧烈地冲突。"（Said 2006：22）就晚期风格的一些（尽管不是全部）特征而言,我们可以说,萨义德对晚期风格的兴趣也反映了他自己的晚期性,事实上他反过来也以阿多诺作为自己反当代潮流的抗争的模型。

对阿多诺来说,晚期性的一个面向是倒退,而在萨义德对人文主义的坚定回归中,我们也很容易看到这种对一条与当代理论对抗的进路之无休止的、倒退性的回归。作为回归过去的晚期性的一个例子,理查德·施特劳斯向18世纪的回归就是一种通过在音乐上退出人类事务的世界,而生产出"一种沉思的、创作出来的秩序"的方式(Said 2006:40)。晚期风格也可能不是那么领先或落后于一个人的时代——在一些情况下,二者是一回事。人们可以谈论英年早逝的莫扎特那里的晚期风格这件事情本身就表明,晚期性本身在很大程度上是一种风格而不是一个时间阶段。萨义德把莫扎特的《女人心》看作晚期风格的一个例子,因为它美妙的音乐遏制了在它背后或在它核心处的某种东西。

> 莫扎特从来没有更加接近过他和[剧本作者]达·庞特看起来所揭露的那种关于一个没有任何救赎或缓解计划的宇宙的令人恐惧的看法,这个宇宙的一个法则被表达为放荡和操纵的力量的流动性和不稳定性,而它的唯一结论是死亡提供的最终的平静。
>
> (Said 2006:71)

在法国小说家让·热内那里,"晚期性"是以一种对边界,特别是认同边界的强烈的不尊重,以一种公然违抗作为时代特征的认同政治的对他人的认同的形式出现的。"这是一个爱'他者'的人,一个自己就是被排斥者和陌生人的人,他深刻同情巴勒斯坦革命,认为那是被排斥者与陌生人的'形而上学的'起义。"(Said 2006:84)热内是"跨认同的旅人,是旨在与外异的事业联姻的游客,只要那个事业是革命性的和持续骚动的"(Said 2006:85)。

139

> 热内迈出了脚步,跨越了法律的边界,这是几乎没有白人男女尝试过的事情。他跨越了从都会中心到殖民地的空间;法农认出并充满激情地分析了他毫无疑问的对同样受压迫的人的团结。
>
> (Said 2006:87)

显然"晚期性"(这也是接近萨义德内心的东西)不仅不合其时,也不得其所,与"正常的"对民族或族群的认同相逆。在萨义德作品中如此常见的外在性、流亡的主题表明,"晚期性"在很大程度上就是他渴望的状态,并且从许多方面来看不只是在他的晚期作品中达到的那种状态。

不奇怪的是,萨义德眼中的英雄都是模糊了内外边界,滑出了舒适范畴的矛盾的人。在音乐方面,他最敬佩的人之一是加拿大钢琴家格伦·古尔德。古尔德在其杰出职业生涯很早的时候,就决定不再公开表演了。古尔德的决定,是一种接受巴赫音乐核心处的发明性的方式。发明这个词,既是巴赫音乐的核心,也是古尔德对这个音乐枢纽的参与的核心。inventio在更古老的修辞意义上意味着"发现和阐明论证,在音乐领域的意思则是发现一个主题,并对位地阐发它,使它所有的可能性都得到表达、表现和阐明"(Said 2006:128)。定义萨义德"对位阅读"技艺的也是这种介入(参见本书第89页)。古尔德对发明的探索使他走出表演而进入录音室,"在那里,录音技术的本质上的'重录性'[1](这也是古尔德最喜欢的术语之一)可以服务于发明的艺术(重复的发明,重复的录音)——在这个术语最完全的修辞的意义上说"(Said 2006:130-1)。

在其他人物中,像只写过一部退步的、在他生前没有引起任何出版商兴趣的小说《豹》的西西里贵族兰佩杜萨,或一辈子几乎没有发表过什么文本的亚历山大的希腊诗人康斯坦丁·卡瓦菲那样的作家,也表明了拒绝那些直接介入他们自己的时代,同时却维持着一种力量巨大的,半抵抗的、退步的艺术创作之心智的曲高和寡的、几近于珍稀的,但同时又极难理解的美学。尼采也是类似的"不合时宜的"立场的伟大原型。"晚期的"或"迟到的"这样的词看起来非常适合用来描述这样的人物。

《弗洛伊德与非欧洲人》

140

尽管《弗洛伊德与非欧洲人》以书的形式出版了,但这实际上是萨义德在伦敦弗洛伊德博物馆做的一次演讲,可能也是他先前在维也纳出于政治原因被禁止做的那次演讲。这本主要讨论弗洛伊德晚期作品《摩西与一神教》的书本身也符合"晚期风格"的许多特征——它是一次不安分的、复杂的、反叛性的向心理分析师的外异领土的突击。对萨义德来说,这本书是晚期风格的一个近乎经典的例子(Said 2006:28)。"关于那篇专论的一切所指出的不是定论和和解……相反,是更多的复杂性和一种让作品的不可协调的元素继续如其所是地存在的意愿:插曲式的、片段式的、未完成的"(Said 2006:28),这些术语也完全适用于《论晚期风格》本身。

1　take-twoness,指的是录音不是一次性完成的,而是反复再录的结果。——译者注

《摩西与一神教》是弗洛伊德破坏摩西作为犹太教之父地位的尝试。他声称,摩西实际上是埃及人,他从法老文化那里引进了一神论,并被传统具化为犹太人之父。弗洛伊德的目标,就是"向一群人否定被这群人赞誉为最伟大的人民之子的那个人"(Said 2006:34)。他揭露了犹太教的起源被遗忘或否定的成分,并"通过他的被压抑者的回归的理论,展示了犹太教是怎样把自己构造为一个永恒的既有宗教的"(Said 2006:34)。他的介入不仅是在犹太历史上重新定位摩西的尝试,更重要的是,他还试图攻击认同本身僵化的边界。贝多芬和弗洛伊德都"呈现了对他们来说迫切的材料,而对满足(更不用说安抚了)读者对宽慰的需要漠不关心"(Said 2006:30)。

萨义德的策略是,把弗洛伊德对犹太认同的挖掘放到当前巴勒斯坦的语境中去看。对摩西认同的调查,也是对犹太人民的非欧洲起源的一次探索。虽说犹太人是希特勒统治下一种欧洲特有的反犹主义的受害者,但"入侵"巴勒斯坦和建立犹太国家却含蓄地依赖于这样一个假设,那就是,犹太人是"和我们一样的"欧洲人(因此英国才会支持犹太复国主义,而最终美国也才会毫不质疑地支持以色列)。这就维持了一个没有得到解决的矛盾:如果说犹太人之所以流散并遭到虐待是因为他们像弗洛伊德坚持的那样是外人,那么,他们又是以回归的、"文明的""欧洲"人口的身份占领巴勒斯坦的。在这些环境下,犹太人的认同问题在心理学上是一个持续的压抑与回归的循环。

弗洛伊德几乎是随意地接受了摩西不是欧洲人的事实,他对非欧洲人的看法并没有正视被殖民主义的撤退暴露出来的其他种族的复杂性,而预见后者的则是弗洛伊德"最爱争论的继承者"——弗朗茨·法农。"当然,弗洛伊德没有把欧洲当作数十年后法农描述的恶毒的殖民权力来思考"(Said 2006：50-1)，并且他也不知道，这个殖民化的进程会在以色列重复：像阿尔及利亚的法国人那样的"欧洲人比非欧洲的土著更有资格占有土地"(Said 2006：51)。摩西一定是非欧洲人，"这样，在杀死他的时候，以色列人才会有需要压抑的东西，也才会有他们在海外重建以色列的伟大冒险的过程中需要回忆、拔高和精神化的东西"(Said 2006：51)。与此构成对照的是像斯宾诺莎、马克思、海涅和弗洛伊德本人这样的"非犹太人的犹太人"的传统，他们起到了社会的强力批评者的作用，而他们的流亡和流离失所又在很大程度上强化了这个作用。

所有这些都再现了那些使犹太认同不能被纳入"一个和唯一一个认同"的局限。弗洛伊德认为，这些局限的象征就是：犹太认同的建立者本人，却是一个非欧洲人的埃及人。

> 换言之，我们不可能只通过认同本身来思考或解决认同；没有那个不会被压抑下去的根本上的起源的断裂或缺陷的话，认同是不可能构造甚或想象自己的，因为摩西是埃及人，并因而永远外在于那个使如此之多的人立足其中、苦于其中的认同……我相信，这个想法的力量在于，它也适用于其他被围起来的认同，并说出这样的认同——不是通过分发像宽容和同情那样治标不治本的药剂，而毋宁是通过把它当作带来麻烦、损害和不稳定的世俗的伤口（世界性的本质）来处理。我们不可能从中恢复，不可能有解决了的或斯多葛式的平静状态，甚至自身内部也不可能有乌托邦式的和解。
>
> (Said 2006：54)

在这里，萨义德是在标准的意义上使用"乌托邦"这个词的，意即一个徒劳的不可能实现的理想。可要是认同是未解决的、不稳定的和持续多变的，而不是固定的和囚禁性的这个观念本身就是一种形式的乌托邦主义，一种对希望的展示呢？关于认同问题，萨义德一直是矛盾的：尽管流亡可能是一个生成"冬天的心境"的"世俗的伤口"，但流亡绝不会使人无能；相反，它是知识分子与像民族、族群、文化和宗教那样的认同控制机制的关系之深刻的赋予能力的特征。流亡是赋予公共知识分子活力的条件。不仅萨义德欣赏的知识分子都是这样或那样的流亡者，而且的确，他的知识分子概念本身就是建立在一种不受边界束缚的、赋权的自由的基础上的。不受边界束缚的自由本身就是一种深刻矛盾的自由，因为它带来了巨大的风险，它意味着离开认同和家的舒适区，而前往风暴更多的生成的水域。这样，流亡这种"独特的惩罚性的命运"就变成了乌托邦的、希望的区域，也许也是唯一一个这样的区域：只有从这里，你才能对权力说真话。萨义德自己的乌托邦主义不可能被压抑。尽管他痛苦地拒绝给错位和流亡一个"乌托邦式的和解"，但在他进而提出这样的问题，如"我们能找到一种可以追求流散生活的政治这一境况的语言或历史吗？""在犹太人和巴勒斯坦人的土地上，这种语言或历史能不能变成一个支持双民族国家(bi-national state)——在这个双民族的国家中，以色列和巴勒斯坦是彼此的历史和根本现实的一部分而非敌人——的不那么不稳定的基础？"的时候，萨义德对这个完全是乌托邦的希望的回答却是，"我相信是能的"。

《人文主义与民主批评》

《人文主义与民主批评》(2004)是一本影响力重大的小书。对萨义德来说，人文主义绝不是一个新的话题，但这也不是对他关于人文主义实践的想法的综合或闲适宁静的总结；它是一次最后防线式的、使人文学科重新面向人文主义原则的努力——在许多人看来，人文主义这种哲学已经过时了。在此过程中，萨义德几乎是重新定义了人文主义本身，并在实践上重新落实了这种欧洲中心的主人话语的一切方面。萨义德的人文主义的核心特征是，它是世俗的、反对的，它对新的东西而不是传统感兴趣，它在文化上无所不包，并且它牢牢地建立在批判阅读的实践的基础之上。这是他的人文主义，一种不同于当代理论冷落的各种保守的、精英主义形式的人文主义的人文主义。

萨义德说，他一直相信，

143

以人文主义的名义来批判人文主义是可能的，而且，在欧洲中心主义和帝国经验对它的滥用中受教育的人，也可以通过吸收过去的重大教训塑造出一种不同的世界主义的、受文本和语言限定(text-and-language-bound)的人文主义。

(Said 2004：11)

他的人文主义适应了后殖民的世界，并且，他把人文主义的创始人维科那里的为人文主义奠定基础的本质上是反叛的智识看作"这样一个世俗的观念，即历史的世界是由男人女人，而不是上帝创造的；我们可以理性地理解这个世界"(Said 2004：11)。但维科持这样一种悲剧的看法，他认为，人的知识永远受到"人的心智的不确定性"的损害，"所以，人文主义的知识总有从根本上说不完全的、不充足的、临时的、可争论和辩论的地方"(Said 2004：12)。

创造人的世界的是人类，理解人的世界的也是人类，因而我们必须接受，这个理解是临时的和可讨论的。这个想法在当代的公共辩论的世界中,被技术统治论语言的油腔滑调的预设套话给取代了。自1960年代以来,在当代智识思想中,甚至在"人文学科"自身内部,反-人文主义反而成了主流,这部分是因为当代的思想实践经常是一种"对人文主义的滥用,这种滥用使一些人文主义的实践者失去了信誉,但它并没有危及人文主义本身的信誉"(Said 2004:13)。人文主义的问题是,看起来它是各种各样的精英的盟友,并且它有重视艰涩和深刻而非乐趣的习惯(Said 2004:16)。萨义德视艾伦·布鲁姆的《美国心智的封闭》为这个传统的直接继承者,认为它共享

> 这样一种感觉,那就是,人文主义的大门对一切种类的人性的个人主义、声名狼藉的时髦和非正典的学识敞开了,结果是真正的人文主义遭到了侵犯……这是"太多不受欢迎的非欧洲人突然出现在'我们'门前"的另一种说法。
>
> (Said 2004:18)

144　1920和1930年代的反-现代主义的"新人文主义",沿着奥尔特加·加塞特在他著名的小册子《艺术的非人化》中开辟的一般路径变成了布鲁姆的指责。《艺术的非人化》中一个主要的信仰支柱是,大众的和多文化、多语言的民主,同人文主义和美学的(更不用说伦理的了)标准的惊人下降二者之间的秘密的等同(Said 2004:19-20)。但这与萨义德的定义有很大出入:对萨伊德来说,多文化的、批判的、多语言的民主,就是人文学科的本质。的确,他甚至进而说"人文主义就是批判"(Said 2004:22),这是一个许多人会反对的大胆的主张。但人文主义对萨义德来说是建立在"作为民主自由的一种形式、作为持续的质疑和积累知识的实践的批判"的基

础上的(Said 2004：47)，这个批判也包括对强大到让人害怕的美国这个全球性帝国的批判。

萨义德回应了接连出现的许多关于人文主义的认识，比如说人文主义是保守和过时的，人文主义引起了一种对正典的精英主义的认识，人文主义是欧洲中心的，等等。对于那种广泛存在的认为人文主义保守和过时的信念，萨义德反驳说："人文主义的伟大成就都包含或接受了[普遍而言的]新的东西，以及[具体而言的]一个时期的艺术、思想或文化中最新的真的、令人激动的东西，或与这些东西有关"(Said 2004：23)。他试图重新定位"正典"这个术语，近年来，这个术语因为它给特定种类的高文化合法性的功能而遭到了大量的攻讦。萨义德偏好音乐领域的定义，在那里，"正典"是一种对位的形式，它使用了大量经常严格地互相模仿的声音。换言之，正典是一种在修辞的意义上表达了流动、游戏性和发现的形式(Said 2004：25)。这个想法很有趣，尽管这个定义看起来不大可能推翻文学的正典概念，即所谓正典乃是从已成为权威的经典正典衍生出来的文本。也许，萨义德关于人文主义的看法中的核心张力，出自他对人这个概念本身的欧洲中心基础的掩饰。他引用了斯皮策的看法，说人文主义者就是"相信人的心智可以研究人的心智的力量"的人(Said 2004：24)。萨义德说："注意，斯皮策没有说欧洲人的心智，他也不只是在讨论西方的正典。他谈论的就是人的心智，*仅此而已*。"(Said 2004：26)然而，在这里，我们发现了欧洲人文主义的一个难以解决的问题：什么是人呢？当然，斯皮策谈论的是"人的心智"，但"人"却是那个在欧洲出现、影响欧洲的人的观念，是支持帝国主义的文明使命的那个观念。他只谈论人的心智这个事实，并没有减轻"人"这个概念的欧洲中心的性质。

《人文主义与民主批评》不是对人文主义成就的总结，而是对使人文主义失去信誉的保守主义的猛烈攻击。

> 就我对人文主义在今天的意义的理解而言,人文主义不是一种巩固和肯定"我们"已经知道和感觉到的东西的方式,而毋宁说是一个质疑、动摇和重新表述那如此之多在我们面前被呈现为商品化的、包装好的、没有争议的和无批判地法典化的确定性的东西——包括那些聚集在"经典"这个标题下的名著里面包含的那些东西——的手段。
>
> (Said 2004:28)

显然,萨义德对人文主义的捍卫事实上是使人文主义去中心化,为的是调整这个概念,使它适应一个日益全球化的、异质的和非欧洲中心的世界。看起来,他的目标是,几近于全凭一己之力来扭转人们对这个术语的理解,使人文主义从一个从根上就是欧洲中心的、精英主义的东西变成一种对人类活动的在世的、多层面的思考。在没有把诸如非裔美国人或女人包容进去的情况下,支撑人类的"一直是一种排除性的、精英主义的、完全不足以支撑它的民族文化观"(Said 2004:46)。对萨义德来说,当代人文主义是一个与过去的人文主义截然不同的计划:"随着我们周围的所有人不可逆转地混合在一起、成为我们的一部分,我们也就必然在某种程度上都是'外人',同时,在稍低或几乎同样的程度上我们也都是'内人'。"(Said 2004:48)

与萨义德在奉行人的世界的核心性时的热情一致,也许这本书也是萨义德的世俗主义这个概念最鲜明的地方,鲜明到他冒着落入模仿他批判的那些人的陷阱的危险对宗教进行了模式化的描述。

> 宗教的激情也许是人文主义事业面临的最危险的威胁，因为它在性质上显然是反世俗和反民主的，而且在它作为一种政治的铁板一块的形式中，它在定义上就是不宽容地非人的和彻底地不容争论的。

> （Said 2004：51）

这在一定程度上说是同语反复，因为人文主义在定义上说就是世俗的。显然，萨义德参照的是一种有限版本的作为反动的政治的原教旨主义，然而，所有的宗教实践都被放到一起说了。"所有这些激情，"他说，"本质上都属于同一个世界，它们互相哺育，精神分裂地互相追赶和争战，并且——这点是最严重的——都一样地非历史和不宽容。"（Said 2004：51）除它令人遗憾的概括外，这里的问题还在于，不理解神圣者对人类经验来说的重要性就没法理解人的全部真理。就像他经常说的那样，不存在像"伊斯兰"——某个由宗教的信仰和实践构成的铁板一块的同质世界——这样的东西，同样，也许也不存在像"宗教"这样的东西。

根据萨义德，人文主义的技艺基于阅读。他提出要回归语文学，后者本质上是一种"对文字的热爱"（Said 2004：58），而它作为一门学科也在各个时期，在所有大的文化传统中获得了一种类似于科学的智识和精神的特权。

> 真正的语文学的阅读是主动的；它进入已经在词语中进行的语言的过程，并让它揭露在我们面前的任何文本中可能被隐藏的、不完整的、被要求的或被扭曲的东西。

> （Said 2004：59）

萨义德提出了阅读中一个二元的过程,他称之为接受和抵抗。接受就是服从于文本,并暂时地先把它们当作个别的对象来对待,然后再去考察它们的历史情境,以及特定的态度、情感和修辞结构是怎样和它们的语境的一些潮流、一些历史和社会的表述纠缠在一起的(Said 2004:61)。抵抗的核心是批判,"而批判永远是为追求自由、启蒙、更多的能动性而不安分地自我澄清的"(Said 2004:73)。人文主义的抵抗的进程必然是以对文本的更长、更具反思性的思考的形式进行的。这种作为对诸如"邪恶轴心"或"大规模杀伤性武器"等咒语的回应的反思"严格来说必须打破短小的、头条的、片段的格式对我们的控制,并反过来试图引入一个更长的、更加审慎的反思、研究和要求真正考察有待解决的问题的论证的过程"(Said 2004:74)。

147 这样一种对接受和抵抗的结合,将促使读者超越民族主义的有限口号,进行关于多样的人类的思考。

> 人文主义关乎阅读,关乎视角,并且,在作为人文主义者的我们的工作中,关乎从人类经验的一个领域、一个区域到另一个的过渡。它关乎各种认同的实践,而非那些由国旗或时下的民族战争给定的实践。
>
> (Said 2004:80)

就人文主义对认同政治的评价而言,萨义德看起来偏好一种以流亡为特征的普世主义,而作为流亡者的人文主义者的一个经典例子就是埃里希·奥尔巴赫。萨义德认为,奥尔巴赫在第二次世界大战期间逃离纳粹政权后在伊斯坦布尔写作的巨著《摹仿论》是人文主义实践的典范。在远离故乡,并且实际上也没有任何图书馆或资料来源的情况下,奥尔巴赫提出了这样一个命题:欧洲文学是在基督教的道成肉身教义的激励下出现的,随着清教主义的到来,方言开始兴起,而这则持续深刻地影响着文学研究。从《旧约》和《新约》一直谈到出自拉丁语特别是但丁的文学,奥尔巴赫的风格有一种"平静的,有时甚至是崇高和至高的安定的腔调"(Said 2004:87),调动了作者在语言、历史文学和文化方面的惊人修为。对萨义德来说,

> 19 世纪的罗曼语族与文学家所从事的学问之宽……包含一种态度上的大公性,其主要例子就是歌德,他的普世主义的**世界文学**概念认为,世界上所有的文学形成了一个宏伟的、交响乐般的整体。
>
> (Said 2004:95)

《摹仿论》对萨义德来说是十分丰富的、运作中的人文主义。

《人文主义与民主批评》是萨义德本人的晚期风格的顶点。它是一次在人文学科中心重新定位和落实人文主义的英勇的尝试,它也是一次向一种早期形式的批评实践的不安分的、充满能量的倒退。这既是年代错乱,又是语言。萨义德把他对"真正的"人文主义的看法和人文主义的实践者(他们是关于文化的精英主义的、受限于传统的欧洲中心的态度的来源)的令人遗憾的事迹之间的矛盾放到了一边。从根本上说,他对人文主义的看法和他对民主的、多文化的、多语言的、异质的当代世界的看法相关。萨义德支持一种流亡的世界主义,拒绝民族的、族群的或受限于种族的认同,也拒绝使读者感受不到阅读的乐趣的复杂理论。但就其不妥协、费劲和没有得到解决的矛盾而言,萨义德的晚期风格也生产出一种完全可以说领先于其时代的人文主义观。

148

小　结

　　晚期风格涉及许多有时是矛盾的东西,我们看到,其中的许多在萨义德自己的晚期作品中已经有所展示:一种骚动的能量而不是一种对职业生涯的完成性的盖棺定论;一种逆流顽抗;领先于时代(往往是凭借向更早的形式和年代错乱的风格回归)的工作。晚期风格的作品是经常"格格不入",不得其所也不合其时的作品,是一种不安分的对某种新的前进道路的追寻。但在萨义德本人这里,晚期风格也是一种对其他边界——比如说,民族和认同、文类和风格本身——的限制的拒绝。他矛盾的认同——巴勒斯坦人、世界著名的批评家、权力的眼中钉——在弗洛伊德最后的作品中找到了一种他已经回应过的对认同的批判。萨义德本人骚动的、不安分的和倒退的重写人文学科的尝试,是在对人文主义充满激情的、"格格不入的"提倡中进行的。但这是一种通过重新定义人文主义来向前看,使人文主义反映他自己的实践,并可能预言人文学科自身的未来的倒退。

　　1999 年,《纽约时报》在对该世纪的成就的总结中,宣告爱德华·萨义德是"最重要的在世文学批评家之一"。在 2003 年萨义德去世的时候,世界各地都传来了对他毕生工作的赞美,而随后出版的关于他的作品的论文集也肯定了他作为 20 世纪最重要的批评家和文化理论家之一的地位。显然,萨义德跨越了学院学术和公众认可的表面上的分裂。这些赞美反映了萨义德对当代文化领域的影响,也肯定了在世性对创造性和智识工作来说的意义。几乎在人文学科和社会科学的所有学科及其外,我们都可以觉察到他的影响,特别是如今"东方学"这个术语已经与萨义德的作品密不可分了。在出版三十年后,《东方学》依然是一本重要的尽管也是备受争议的书。萨义德已经成为一个你可以尊重也可以怒斥,但不能忽视的争议性人物。

"东方学"的演化

　　尽管我们已经展示了在何种程度上在世性的问题支撑了萨义

德的批评,但这点是不容争辩的:《东方学》对当代思想的影响,比
过去三十年出版的几乎其他任何一本书都要大。它改变了我们思
考文化与政治关系的方式。如今,东方学不再只与对东方的研究
相关了,它已经被看作一个关于"他者"文化被处理和再现的方式
的类属术语。阿托·盖伊松对一篇在1995—1996年冬天就已经在
网上广泛流传的半严肃、半幽默的文章的评论,就很好地说明了萨
义德观念的巨大影响力。在盖伊松评论的那篇文章中,作者用这
样的报道来戏仿了美国对波斯尼亚的干涉。报道称,克林顿总统
给饱受战争蹂躏的地区调配元音,给像Grg Hmphrs那样的波斯尼
亚人变成George Humphries,并因而实现美国梦的机会。盖伊松展
示了,何以在对元音的分配中知识与权力之间的关联与萨义德有
关,并得出结论说,关于这篇文章特别有趣的地方在于"它冷静地
结合了萨义德那里的话语分析,以及一种对'严肃'媒体和外交话
语的戏仿"(Quayson 2000:6)。东方学意指的已经不仅仅是一个
学术研究领域——它已经和一种特别的猜疑思维关联起来,这种
思维力图使被支配人群边缘化。

　　在自《东方学》以来出版的大量学术文章和著作中,《东方学》
的方法被各种各样的作者挪用了,这些作者在各种地理位置使用
它,并把它应用于许多不同的文化关系的语境和不同种类的权力
斗争。在萨义德的启发下,西方关于再现的叙述在像V.Y.穆迪姆
贝的《非洲的发明》(1988)和《非洲的理念》(1994),拉娜·卡巴尼
的《欧洲的帝国神话》(1986),詹姆斯·卡里尔的《西方学:西方的
各种意象》(1995),罗纳德·印登的《想象印度》(2000),贾维德·
马吉德的《被治理的想象物:詹姆斯·密尔的英属印度史和东方
学》(1992)和凯特·蒂尔彻的《被铭写的印度:欧洲和英国关于印
度的写作》(1995)那样不同的作品中遭到了质疑。但受萨义德影

响的,还不只是那些发现萨义德的作品在理清殖民文化对前殖民地的影响上特别有用的人。例如,想一想,为什么像《象限》那样的右翼杂志会觉得有必要在《东方学》出版二十多年后,再去发表一篇文章来谴责它 (Windschuttle 2000)？显然,让那篇文章的作者感到不安的,是萨义德这位文学批评家对1998年新南威尔士艺术画廊的一次题为"东方学;从德拉克洛瓦到克利"的展览的策展人和主办方的影响。他报告说,展览图录上的说明文字充满了萨义德的洞见,而这一宣传"强到让一群人在艺术画廊的书店排队,渴望获得那里突出展示的最近由企鹅出版社出版的萨义德的名著《东方学》的修订版" (Windschuttle 2000：21)。萨义德的作品竟然渗透到西方文化制度的内部圣地,这对温舒特来说是"不可接受的"。

151

殖民话语分析与后殖民理论

在世性被接受的程度,则一直不如东方学的分析。不过,萨义德对文本的在世性的坚持,同当代批评家在寻找一种不那么抽象的文本的政治时对后结构主义的日益不满是一致的。尽管萨义德没有发明这种欲望,但他却为把文本放进物质的政治和文化语境中去考虑的做法提供了一个已经可识别的先例。

萨义德的主要影响,无疑是在后殖民话语分析领域(他被认为开创了这个领域)和后殖民理论领域(他对这个领域产生了深刻的影响)。著名的后殖民话语理论家佳亚特里·斯皮瓦克指出:"殖民话语研究是由像萨义德的著作那样的作品直接开启的……它绽放成了一个花园,在这里,边缘人可以言说和被言说,甚至还有人为他们说话。现在,它是学科的一个重要的部分了。" (Spivak 1993：56)后殖民历史学家帕沙·查特吉也邀请他的读者分享阅读《东方学》的乐趣,这本书引起了他的深刻共鸣:

> 对身为成功的反殖民斗争之子的我来说,《东方学》是一
> 本谈论我觉得我一直知道,却一直找不到合适的语言来清晰
> 地表述的东西的书。和许多伟大的书一样,它看起来第一次
> 对我说出了我一直想说的话。

（ Chatterjee 1992：194 ）

讽刺的是,查特吉阅读萨义德的快感,却让人想起萨义德对自己第
一次遭遇西方正典的文学文本——他后来一直和这些文本保持着
一种纠结的关系——的回忆。

152　　殖民话语分析同法国知识分子雅克・德里达、雅克・拉康与
米歇尔・福柯的理论之间的方法论上的认属关系,使罗伯特・扬
(1995)得以宣告殖民话语理论家的“圣三位一体”,包括爱德华・
萨义德、霍米・巴巴和佳亚特里・斯皮瓦克。不过,萨义德对福柯
和后结构主义的幻灭——因为它缺乏“在世性”——意味着,他作
为殖民话语理论家,或至少作为“圣三位一体”的成员的角色,往好
里说也是不确定的。在《东方学》出版后的几年里,特别是在 1990
年代,萨义德越来越认属于各种版本的后殖民理论。“后殖民”这
个术语有很长的历史,但直到 1980 年代后期,它才真正流行起来
(Ashcroft et al. 1998：186-92)。在一段相对较短的时间里,由于许
多研究英联邦作家的批评家的历史影响,后殖民理论带着对帝国
和殖民地问题的关注出现了。假设这意味着后殖民理论关注的只
是认同政治问题是错误的。后殖民理论家很重视萨义德的这个批
评:“我认为,研究后殖民政治的学者,对那些贬低正统的、权威的
或父权的思想,对认同政治的强制性持严厉看法的观念的考察不
够”(1993a：264)。如果说萨义德看起来抛弃了殖民话语分析,而

他的作品看起来与新近的后殖民理论产生共鸣的话,那么,这恰恰是因为这样的理论越来越与他的在世性概念协调一致。

萨义德拒绝那种分叉的解读方式,按这种方式,他经常被解读为一个写出像《东方学》、《世界,文本和批评家》以及《文化与帝国主义》那样的书的文学批评家和理论家,以及一个写作巴勒斯坦问题的政治活动家。正如我们在这整本书中论证的那样,这种解读对萨义德来说是可憎的。对萨义德来说,理论必须植根于真实世界。因为他自己的在世性,我们不能把文学批评家萨义德,同文化理论家或政治评论家萨义德分开。尽管显然他对许多受他启发的作品持正面看法,但他也同样担忧人们会为他所谓的"本土主义"的目的而错误地挪用他。不过,萨义德在他自己的进路上一直惊人地连贯一致,并在多个场合下对他的批评者做出了回应。

也许,他对《东方学》的批评者最主要的回应,是他在那本书出版七年后发表的那篇论文——《重新思考东方学》(Said 1985)。在这里,萨义德重申了他关于想象的地理的论证:"东方学是一条把西方和东方分开的线,而这……与其说是一个自然的事实不如说是一个人类生产的事实。"不过,这也不是说"没有东方学家和东方人,东方学就不可能存在了"(Said 1985:2)。对萨义德关于对东方的再现的讨论的一种反讽的论证,是把《东方学》描绘为对阿拉伯人和伊斯兰的捍卫。对萨义德来说,像"诠释的共同体"这样的范畴是存在的,而且和东方[这个范畴]很像,这样的范畴也引出了特定的再现、利益和主张。通过援引在他之前的,质疑"对欧洲再现东方人的那门科学的权威、起源和制度"(Said 1985:4)的作家的遗产,萨义德持续地倡导,公共知识分子有义务"对权力说真话"。十年后,在1995年版《东方学》的《后记》中,萨义德以更为深刻和详尽的细节反驳了他的批评者。他提醒他的读者们注意,西方和东方都是建构出来的东西,它们都涉及建立一个他者,这个他者的"现实性总是服从于对他们和'我们'的不同的持续的诠释和再诠释"(Said 1995a：322)。

萨义德重申他反对那种对他的书进行简化式的解读(这种解读简单地把他归结为伊斯兰的捍卫者),是为了说明这样的立场是站不住脚的,这样的夸张描述压抑了他的论证的一个重要部分。他提醒我们注意,伊斯兰本身是一个争论中的实体,它是异质的,是伊斯兰社会内部持续的争论的主题。萨义德在给西方知识分子提供一个理解当代[西方]对伊斯兰和阿拉伯人的妖魔化的框架上的重要性,是怎么高估也不为过的。从1967年的"六日战争"到1991年的海湾战争,东方学再现在媒体和官方的"专家"声明中的分量是如此重大,以至于你很容易想象这就是真正的情景:邪恶的、不可预测的和仇外的阿拉伯人对西方发起了一场无休止的仇恨运动。在萨义德之后,这些刻板印象就不可能不受质疑了,无论它们看起来多么顽固。萨义德对当代关于伊斯兰和阿拉伯人的再现的东方学性质的揭露,一直是他对当代文化分析最重要的贡献之一。

一切对"萨义德之后"的文学批评的考虑,都必须把他对人文主义的激情拥护考虑进去,这种拥护在他的《人文主义与民主批评》中达到了顶点。人文主义,在过去看起来是一种妒忌地附着在艺术正典之上的、过时的、极其保守的传统主义的风格。而现在,在萨义德之后,我们则必须把它看作一种真正主张进入人的多样的智识努力的批评的形式。萨义德本人"晚期"风格的骚动、逆流的一个例子,即他对人文主义的辩护——他坚持人文主义是批判的、关注发明的、求新的、致力于民主的,并投身于对阅读之爱的——已经使许多批评家重新思考他们在人文主义及其与当代理论的关系上的立场。

萨义德是一位不同于其他任何一个当代批评家的公共知识分子。他牢牢植根于一种关于知识分子角色的观念的反对立场意味着,他一直在跨越边界和界限。《东方学》是"逆向的远行",它发出了萨义德来了的信号,并把他投射到公共知识分子的位置上。萨义德的智识计划在很大程度上是一个关于他自己的矛盾认同的、关于他身为一个"东方的"主体被聆听的需要的声明。它在赞美抵抗的文化的同时,又拒绝教条的修辞,并在重新肯定人类解放的原则的同时批判了"责备的政治"。就像艾梅·塞泽尔在对萨义德的努力的恰当总结中说的那样:"没有哪个种族垄断了美、智力或力量,在胜利的集结点有一个地方容得下所有人"(Césaire 1983:76-7)。

萨义德的著作

书

——(1966) *Joseph Conrad and the Fiction of Autobiography*, Cambridge, MA：Harvard University Press.

《约瑟夫·康拉德与自传的虚构》。基于萨义德的博士论文，这本书考察了帝国主义在一个表面上反殖民的小说家那里的运作。

——(1972) *The Arabs Today*：*Alternatives for Tomorrow*, Cleveland, OH：Follet Publishers.

《今天的阿拉伯人：明天的选择方案》

——(1973) *The Arabs Today*：*Alternatives for Tomorrow*, ed. (with Fuad Suleiman), Columbus, OH：Forum Associates.

《今天的阿拉伯人：明天的选择方案》（与弗阿德·苏莱曼合编）。这两本书开启了萨义德毕生的任务：从阿拉伯人的视角来再现/代表阿拉伯人。

——(1975) *Beginnings*: *Intention and Method*, New York: Basic Books.

《开端:意图和方法》。一部艰涩的理论作品,展示了所有与萨义德后期著作——包括东方学,他关于知识分子、在世性和"地理"这个分析范畴的作品——相关的兴趣的出现。

——(1978) Orientalism, New York: Vintage.

《东方学》。萨义德最著名、流传最广的书。它描述了数个世纪以来,欧洲人用来"认识"东方的形形色色的制度、学科、研究过程和思想风格。这是一个核心文本。

——(1979a) *The Question of Palestine*, New York: Vintage.

《巴勒斯坦问题》。萨义德第一本关于巴勒斯坦的持久之作,旨在对西方,特别是美国的读者表达巴勒斯坦的立场。

——(1979b) *The Palestine Question and the American Context*, Beirut, Lebanon: Institute for Palestine Studies.

《巴勒斯坦问题和美国的语境》。《巴勒斯坦问题》的一个面对巴勒斯坦读者的版本。

——(1980) *Literature and Society*, Baltimore, MD: Johns Hopkins University Press.

《文学与社会》。一本编辑的论文集,萨义德在他写的导论中肯定,文学的主张在社会中有批判的功能。

——(1981) *Covering Islam*: *How the Media and the Experts Determine How We See the Rest of the World*, New York: Vintage.

《报道/遮蔽伊斯兰:媒体和专家是如何决定我们看待世界其他地区的方式的》。1997 年出过一个增订本,里面包含一个新的导论。根据萨义德,这本书和《东方学》与《巴勒斯坦问题》一起完成了关于对中东的再现的三部曲。它力图探索西方媒体再现伊斯兰的方式：持续的妖魔化再现了西方思想中东方学刻板印象的顽固。

——（1983）*The World*, *the Text and the Critic*, Cambridge, MA：Harvard University Press.

《世界、文本和批评家》。一部不可或缺的著作，陈述了萨义德认为至关重要的文本、批评家和世界之间的关系。作为这本书和他所有的作品的标志的组织原则是在世性这个概念。

——（1986）*After the Last Sky*：*Palestinian Lives*, with photographs by Jean Mohr, New York：Pantheon.

《在最后的天空之后：巴勒斯坦人的生活》，配有让·莫尔拍摄的照片。记录了巴勒斯坦困境之痛，揭露了人们在接受他们的境况时自己的怀疑和争论。

——（1988a）*Blaming the Victims*：*Spurious Scholarship and the Palestine Question*（ed. with Christopher Hitchens）, London：Verso.

《责备受害者：虚假的学术和巴勒斯坦问题》（与克里斯托弗·希钦斯合编）。它披露了以色列在压制巴勒斯坦问题的运动中扮演的角色。

——（1988b）*Yeats and Decolonization*, Field Day pamphlet, Dublin.

《叶芝与去殖民化》。这是一篇重要的论文，在英国帝国主义的语境中思考了叶芝和爱尔兰。

——（1991）*Musical Elaborations*, New York：Columbia University Press.

《音乐的阐发》。这本书是萨义德直接介入多学科领域的一个很好的例子。萨义德是一位多才多艺的钢琴家，在这部作品中，他考察了西方的古典乐。

——(1993) *Culture and Imperialism*, London：Chatto & Windus.

《文化与帝国主义》。这本书被许多批评家视为《东方学》的续作,讨论了文化与帝国主义之间的相互依赖,甚至当这种依赖在帝国文本中不明显的时候。它也讨论了后殖民抵抗,并考察了一种他所谓的"逆向的远行"的介入支配权力的方式。这是一个核心文本。

——(1994a) *The Politics of Dispossession：The Struggle for Palestinian Self Determination, 1969-94*, London：Chatto & Windus.

《流离失所的政治:为巴勒斯坦自决而进行的斗争,1969-94》。一本萨义德关于巴勒斯坦的文集。

——(1994b) *Representations of the Intellectual*, London：Vintage.

《知识分子的再现/代表》。考察了知识分子在社会中的角色和影响,这个主题实际上支撑了萨义德所有的文化分析和批评。这是一个核心文本。

——(1994c) The Pen and the Sword：Conversations with David Barsamian, Monroe, ME：Common Courage Press.

《笔与剑:与大卫·巴萨米安交谈》。一系列特别有洞见的访谈,几乎涉及了萨义德作品的所有方面。

——(1995) Peace and its Discontents：Gaza-Jericho, 1993-1995, New York：Vintage.

《和平及其不满:加沙-耶利哥,1993-1995》。原版出版于埃及。萨义德直接对他的巴勒斯坦读者说话,并记录了他对和平进程的愤怒。他认为,和平进程没有妥当地处理好巴勒斯坦问题。

——(1999) *Out of Place：A Memoir*, London：Granta.

《格格不入:一部回忆录》。一部特别有启发的,关于萨义德早年生活的作品。在这本书中,他讲述了他的童年、他的家庭,以及他在美国生活时与巴勒斯坦的关联,尖锐地披露了他的格格不入感中心理与文化的交织。

——(2000) *The End of the Peace Process*：*Oslo and After*, New York：Pantheon.

《和平进程的终结:奥斯陆及其后》。本书是对和平进程及辜负了人民的巴勒斯坦权威的进一步的批判。

——(2001) *Power, Politics and Culture*：*Interviews with Edward Said*, New York：Random House.

《权力、政治和文化:爱德华·萨义德访谈录》。由高里·维斯瓦纳坦编辑并撰写导言,这部访谈录提供了对萨义德跨越学术和政治光谱的广泛兴趣的丰富阐发。

——(2002) *Parallels and Paradoxes*：*Explorations in Music and Society* (with Daniel Barenboim), New York：Pantheon.

《平行与吊诡:在音乐和社会中的探索》(与丹尼尔·巴伦博伊姆合著)。这部萨义德和巴伦博伊姆的谈话录出自公开讲座和私下的会谈,涉及了从音乐到中东的事件的广泛话题。

——(2003a) *Freud and the Non-European*, London：Verso.

《弗洛伊德与非欧洲人》。在弗洛伊德博物馆的一次讲座,附有雅克琳娜·罗斯的回应,这部作品考察了弗洛伊德的晚期作品《摩西与一神教》,着眼于它对当代巴勒斯坦的意义,及其对认同的批判。

——(2003b) *Culture and Resistance*：*Conversations with Edward Said*, ed. David Barsamian, Cambridge, Mass.：South End Press.

《文化与抵抗:与爱德华·萨义德交谈》,大卫·巴萨米安编。这些访谈聚焦于他持续反对权力和代表巴勒斯坦的斗争。

——(2004) *Humanism and Democratic Criticism*, New York: Columbia University Press.

《人文主义与民主批评》。萨义德关于人文主义的强有力的遗言，是一次重新定位和重新定义一直以来支撑着人文学科的那种话语的应用尝试。萨义德既批判了当代的理论，又批判了保守的人文主义，提供了一种符合一个多文化、多语言的当代世界的人文主义观。

——(2006) *On Late Style*: *Music and Literature Against the Grain*, New York: Vintage.

《论晚期风格：逆流的音乐与文学》。关于萨义德晚年着迷的那个现象的广泛讨论，研究了在像贝多芬和让·热内那样多样的人那里的"晚期风格"。

文章：文学和文化理论

爱德华·萨义德是如此高产，以至于我们难以对他所有的文章进行评注。这些文章中最重要的那些，要么已经被编辑成书出版，要么已经在他的书中得到进一步的阐发。我们把这些文章按内容分成两个部分。打星号的文章，是对理解萨义德的立场来说特别重要的文章，特别是那些没有在书中出现的文章。

'Record and reality: *Nostromo*', in John Unterecker (ed.) *Approaches to the Twentieth Century Novel*, New York: Thomas Y.Crowell, 1965.

'A labyrinth of incarnations: the essays of Merleau-Ponty', *Kenyon Review*, January 1967.

'Lévi-Strauss and the totalitarianism of mind', *Kenyon Review*, March 1967.

*'Vico: autodidact and humanist', *Centennial Review*, Summer 1967.

'Beginnings', *Salmagundi*, Fall 1968.

'Swift 's Tory anarchy', *Eighteenth Century Studies*, Fall 1968.

'Narrative: quest for origins and discovery of the mausoleum ', *Salmagundi*, Spring 1970.

'Notes on the characterization of a literary text', *Modern Language Notes*, December *1970*.

'Introduction' to *Three Tales* by Joseph Conrad, New York: Washington Square Press, 1970.

'*Abecedarium Culturae*: structuralism, absence, writing', *TriQuarterly*, Winter 1971.

'Linguistics and the archaeology of the mind', *International Philosophical Quarterly*, March 1971.

'Molestation and authority in narrative fiction ', in J. Hillis Miller (ed.) *Aspects of Narrative*, New York: Columbia University Press, 1971.

'What is beyond formalism?', *MLN*, December 1971.

∗ 'Michel Foucault as an intellectual imagination', *Boundary 2* 1(1), July 1972.

∗ 'The text as practice and as idea', *MLN*, December 1973.

'On originality ', in Monroe Engel (ed.) *Uses of Literature*, Cambridge, MA: Harvard University Press, 1973.

'Arabic prose and prose fiction since 1948: an introduction', in Halim Barakat(ed.) *Days of Dust*, trans. Trevor LeGassick, Wilmette, IL: Medina Press, 1974.

'Conrad: the presentation of narrative', *Novel*, Winter 1974.

'Contemporary fiction and criticism', *TriQuarterly*, Spring 1975.

'The text, the world, the critic ', *Bulletin of the Middle West Modern Language Association*, Fall 1975.

'Raymond Schwab and the romance of ideas', *Daedalus*, Winter 1976.

'Between chance and determinism: Lukács 's *Aesthetik*', *The Times Literary Supplement*, 6 February 1976.

'Roads taken and not taken in contemporary criticism', *Contemporary Literature*, Summer 1976.

'On repetition', in Angus Fletcher (ed.) *English Institute Essays*, New York: Columbia University Press, 1976.

'Conrad and Nietzsche', in Norman Sherry (ed.) *Joseph Conrad: A Commemoration*, London: Macmillan, 1976.

'Vico on the discipline of bodies and texts', *Modern Language Notes*, October 1976.

* 'Orientalism', *The Georgia Review*, Spring 1977.

'Renan 's philological laboratory', in Quentin Anderson and Steven Marcus(eds) *Memorial Volume for Lionel Trilling*, New York: Basic Books, 1977.

* 'The problem of textuality: two exemplary positions', *Critical Inquiry*, Summer 1978.

'Rashid Hussein', in Kamal Boullata and Mirène Ghossein (eds) *The World of Rashid Hussein: A Palestinian Poet in Exile*, Belmont, CA: Arab-American University Graduates, 1979.

'Reflections on recent American "Left" literary criticism', *Boundary 2* 8(1), Fall 1979.

* 'An exchange on deconstruction and history', *Boundary 2*, Fall 1979, 8 (1): 65-74. With Marie-Rose Logan, Eugenic Donate, William Warner and Stephen Crites.

* 'Exchange on Orientalism', *New Republic* 180(20): 39-40, 1979.

'Islam, the philological vocation, and French culture; Renan and Massignon', in Malcolm Kerr (ed.) *Levi della Vida Memorial Award*

Volume, Berkeley, CA: University of California Press, 1980.

' Response to Bernard Lewis ', *New York Review of Books*, 12 August 1982.

' Opponents, audiences, constituencies and community ', *Critical Inquiry*, September 1982.

' Travelling theory', *Raritan* 1(3), Winter 1982.

* ' The music itself: Glenn Gould 's contrapuntal vision ', *Vanity Fair*, May 1983.

' Secular criticism', *Raritan* 2(3), Winter 1983.

* ' The mind of winter: reflections on a life in exile ', *Harper 's Magazine*, 269, September 1984.

* ' Michel Foucault, 1927-1984 ', *Raritan* 4(2), Fall 1984.

' An ideology of difference', *Critical Inquiry*, September 1985.

* ' Orientalism reconsidered', *Race and Class*, Autumn 1985.

' The enduring romance of the pianist', *Harper 's*, November 1985.

' Remembrances of things played: presence and memory in the pianist's art', *Harper 's*, November 1985, 271(1626): 69-75.

' John Berger', in Harold Bloom (ed.) *The Chelsea House Library of Literary Criticism*, New York: Chelsea House Publishers, 1985.

* ' Foucault and the imagination of power', in David Couzens Hoy (ed.) *Foucault: A Critical Reader*, Oxford: Blackwell, 1986.

* ' Intellectuals in the post-colonial world ', *Salmagundi*, Spring-Summer 1986.

' The horizon of R.P. Blackmur', *Raritan* 6(2), Fall 1986.

' Introduction ' to *Kim* by Rudyard Kipling, New York: Viking Penguin, 1987.

' *Kim*, the pleasures of imperialism', *Raritan*, Fall 1987.

'The imperial spectacle (*Aida*)', *Grand Street*, Winter 1987.

'Through gringo eyes: with Conrad in Latin America', *Harper 's Magazine*, 276(1568), April 1988.

* 'Identity, negation and violence', *New Left Review*, September-October 1988.

'Goodbye to Mahfouz', *London Review of Books*, 8 December 1988.

'Meeting with the old man', *Interview*, December 1988.

* 'Representing the colonized: anthropology 's interlocutors', *Critical Inquiry*, Winter 1988.

'*The Satanic Verses* and democratic freedoms', *The Black Scholar*, March-April 1989.

* 'Third World intellectuals and metropolitan culture', *Raritan* 9(3), Winter 1990.

* 'Narrative, geography and interpretation', *New Left Review*, March-April 1990.

'Figures, configurations, transfigurations', *Race and Class*, July-September 1990.

'Embargoed literature', *The Nation*, 17 September 1990.

'Literature, theory and commitment: II', in Kenneth Harrow, Jonathan Ngaté and Clarisse Zimra (eds) *Crisscrossing Boundaries in African Literatures, 1986*, Annual Selected Papers of the ALA, 1991.

'Introduction' to *Moby Dick* by Herman Melville, New York: Vintage, 1991.

* 'The politics of knowledge', *Raritan* 11(1), Summer 1991.

* 'Identity, authority, and freedom: the potentate and the traveler', *Transition* 54, 1991.

'Culture and vultures', *The Times Higher Education Supplement*, 24

January 1992: 15-19.

'Foreword' to *The Performing Self: Compositions and Decompositions in the Languages of Contemporary Life* by Richard Poirier, Newark, NJ: Rutgers University Press, 1992.

'Nationalism, human rights and interpretation', *Raritan*, Winter 1993.

'Imperialism and after: Europe, the US and the rest of us', in Geraldine Prince (ed.) *A Window of Europe: The Lothian European Lectures 1992*, Edinburgh: Canongate Press, 1993.

'Introduction' to *The Language of Modern Music* by Donald Mitchell, London: Faber & Faber, 1993.

* 'Travelling theory reconsidered', in Robert M. Polhemus and Roger B. Henkle (eds) *Critical Reconstructions: The Relationship of Fiction and Life*, Stanford, CA: Stanford University Press, 1994.

* 'Gods that always fail', *Raritan*, Spring 1994.

'Adorno as lateness itself', in Malcolm Bull (ed.) *Apocalypse Theory and the Ends of the World*, Oxford: Blackwell, 1995. Wolfson College Lectures.

'From silence to sound and back again: music, literature and history', *Raritan*, Fall 1997, 17(2): 1-21.

'The Public Role of Writers and Intellectuals', the Alfred Deakin Lectures, *ABC. net. au*, 19 May 2001. Appears in slightly different form at *The Nation*, 17 September 2001.

文章:巴勒斯坦、伊斯兰和中东

'The Arab portrayed', in Ibrahim Abu-Lughod (ed.) *The Arab-Israeli Confrontation of June 1967: An Arab Perspective*, Evanston, IL: Northwestern University Press, 1970.

'A Palestinian voice', *The Middle East Newsletter*, October-

November 1970.

'The Palestinian experience', in Herbert Mason (ed.) *Reflections on the Middle Eastern Crisis*, The Hague and Paris: Mouton, 1970.

'The future of Palestine: a Palestinian view', in Abdeen Jabara and Janice Terry (eds) *The Arab World from Nationalism to Revolution*, Wilmette, IL: Medina Press, 1971.

'A response to Ihab Hassan', *Diacritics*, Spring 1973.

'United States policy and the conflict of powers in the Middle East', *Journal of Palestine Studies*, Spring 1973.

'Getting to the roots', *American Report*, 26 November 1973.

* 'Chomsky and the question of Palestine', *Journal of Palestine Studies*, Spring 1975.

'Lebanon: two perspectives', *AAUG Occasional Paper*, 1975.

'Arab society and the war of 1973: shattered myths', in Naseer H. Aruri (ed.) *Middle East Crucible: Studies on the Arab-Israeli War of 1973*, Wilmette, IL: Medina Press, 1975.

'The Palestinians and American policy', in *Two Studies on the Palestinians Today and American Policy*, AAUG Information Paper no. 17, 1976.

'Can cultures communicate? Round table', in George N. Atiyeh (ed.) *Arab and American Cultures*, Washington, DC: American Enterprise Institute for Public Policy Research, 1977.

'The Arab right wing', in *AAUG Information Paper no. 21*,

September 1978.

'The idea of Palestine in the West', *MERIP Reports*, September 1978.

* 'Islam, Orientalism and the West: an attack on learned ignorance', *Time*, 16 April 1979.

* 'Zionism from the standpoint of its victims', *Social Text*, Winter 1979.

'The Palestine question and the American context', *Arab Studies Quarterly* 2(2), Spring 1980.

'Iran and the media: whose holy war?', *Columbia Journalism Review*, March-April 1980.

'Peace and Palestinian rights', *Trialogue*, Summer/Fall 1980.

'Inside Islam: how the press missed the story in Iran', *Harper's Magazine* 262 (1568), January 1981; reprinted in *Current*, February 1981.

'A changing world order: the Arab dimension', *Arab Studies Quarterly* 3(2), Spring 1981.

'Reflections on the Palestinians', *Nation* 233, 5 December 1981.

'The formation of American public opinion on the question of Palestine', in Ibrahim Abu-Lughod (ed.) *Palestinian Rights: Affirmation and Denial*, Wilmette, IL: Medina Press, 1982.

'Palestinians in the aftermath of Beirut: a preliminary stocktaking', *Arab Studies Quarterly* 4(4), Fall 1982.

* 'The experience of dispossession', in Patrick Seale (ed.) *The*

Shaping of an Arab Statesman: *Abd al-Hamid Sharaf and the Modern Arab World*, London: Quartet, 1983.

'Response to Stanley Fish', *Critical Inquiry*, December 1983.

* ' "Permission to Narrate"-Edward Said writes about the story of the Palestinians', *London Review of Books* (16-29 February 1984), 6(3): 13-17.

'The burdens of interpretation and the question of Palestine', *Journal of Palestine Studies*, Fall 1986.

* 'On Palestinian identity: a conversation with Salman Rushdie', *New Left Review*, November-December 1986.

'Interpreting Palestine', *Harper's Magazine* 274(1642), March 1987.

'Irangate: a many-sided crisis', *Journal of Palestine Studies*, Summer 1987.

'Palestine and the future of the Arabs', in Hani A. Faris (ed.) *Arab Nationalism and the Future of the Arab World*, Belmont, CA: Association of Arab-American Graduates, 1987.

* 'The voice of a Palestinian in exile', *Third Text*, Spring-Summer 1988.

'How to answer Palestine's challenge', *Mother Jones*, September 1988.

* 'Spurious scholarship and the Palestinian question', *Race and Class*, Winter 1988.

'The Palestinian campaign for peace', *World Affairs Journal*: *A Compendium* 1(1), Speaker Season 1988-99.

'Edward Said's challenge', *Israel and Palestine Political Report* 153,

October 1989.

'The challenge of Palestine', *Journal of Refugee Studies* 2(1), 1989.

'Literacy and liberation: the Palestinians', *Literacy and Liberation: Report of the WUS Annual Conference*, World University Service, 1990.

'Reflections on twenty years of Palestinian history', *Journal of Palestine Studies*, XX (4), Summer 1991.

'Palestine, then and now', *Harper's Magazine* 285 (1711), December 1992.

'Peace and the Middle East', *Journal of Communication Inquiry*, Winter 1992.

'Arabs and Americans: "Toward the twenty-first century"', *Mideast Monitor* 8(1), Winter 1993.

'Second thoughts on Arafat's deal', *Harper's Magazine* 288 (1724), January 1994.

从 2000 年到 2003 年他去世,爱德华·萨义德写了一百多篇关于巴勒斯坦或美国的帝国主义、伊拉克战争和中东的文章。这些文章主要发表在《金字塔报》(*Al Ahram*)、《反击》(*Counterpunch*)、《民族》(*The Nation*)和《AMIN》上。这些文章的完整的目录可见于《对权力说真话:爱德华·萨义德网上著作目录》和《爱德华·萨义德档案》。

其他文章

'An exchange: *Exodus and Revolution*', *Grand Street*, summer 1968.

'Edward Said' (sound recording), PLO Series, Los Angeles: Pacifica

Tape Library, 1979.

'In the shadow of the West', *The Arabs* (film documentary), London: Channel 4, 1982. Also shown elsewhere in Europe, the Middle East and North America.

A Profile of the Palestinian People, Chicago: Palestine Human Rights Campaign, 1983. With Ibrahim Abu-Lughod, Janet L. Abu-Lughod, Muhammad Hallaj and Elia Zureik.

'The MESA debate: the scholars, the media, and the Middle East', *Journal of Palestine Studies*, Winter 1987.

Two-piano recital at the Miller Theatre with Edward Said and Diana Takieddine, Columbia University, 27 April 1993 (Brahms, Mozart, Chopin, Britten, Schubert).

对萨义德的访谈

* 'Interview', *Diacritics* 6(3), 1976: 30-47.

'The legacy of Orwell: a discussion' (with John Lukacs and Gerald Graff), *Salmagundi*, Spring-Summer 1986.

'An interview with Edward W. Said' (with Gary Hentzi and Anne McClintock), *Critical Texts*, Winter 1986.

* 'Edward Said with Salman Rushdie' (video recording), *Writers in Conversation* 28, London: ICA Video; Northbrook, IL: The Roland Collection, 1986.

'Edward Said: an exile's exile' (interview with Matthew Stevenson), *The Progressive*, February 1987.

* 'Edward Said', in Imre Salusinszky (ed.) *Criticism in Society*, New York: Methuen, 1987.

'Orientalism revisited: an interview with Edward W. Said', *MERIP*, January-February 1988.

'American intellectuals and Middle East politics: interview with Edward Said', *Social Text*, Fall 1988.

'In the shadow of the West: an interview with Edward Said', in Russell Ferguson, Marcia Tucker and John Baldessari (eds) *Discourses: Conversations in Postmodern Art and Culture*, New York: New Museum of Contemporary Art, MIT Press, 1990.

'Criticism, culture, and performance: an interview with Edward Said', in Bonnie Marranca and Gautam Dasgupta (eds) *Interculturalism and Performance: Writings from PAJ*, New York: PAJ Publications, 1991.

* 'Europe and its others: an Arab perspective' (interview with Richard Kearny), in Richard Kearny (ed.) *Visions of Europe: Conversations on the Legacy and Future of Europe*, Dublin: Wolfhound Press, 1992.

'Expanding humanism', in Mark Edmundson (ed.) *Wild Orchids and Trotsky*, New York: Penguin Books, 1993.

* 'Orientalism and after' (interview with Anne Beezer and Peter Osborne), *Radical Philosophy* 63, Spring 1993.

'An interview with Edward Said' (with Joseph A. Buttigieg and Paul A. Bové), *Boundary 2* 20(1), Spring 1993.

'Edward Said' (interview with Eleanor Wachtel), *Queen's Quarterly*, Fall 1993.

'Symbols versus substance: a year after the declaration of principles' (interview with Mouin Rabbani), *Journal of Palestine Studies*, Winter 1995, 24(2). 'Conversation with Edward Said' (interview with Bill Ashcroft), *New Literatures Review* 32, Winter 1996.

Power, Politics and Culture: Interviews with Edward Said, New York: Random House 2001.

Culture and Resistance: Conversations with Edward Said, ed. David

Barmasian, Cambridge, Mass.: South End Press, 2003.

Singh, Amrijit and Bruce Johnson, *Interviews with Edward Said*, Jackson: University of Mississippi Press 2004.

研究萨义德的著作

Ahmad, A. (1992) *In Theory: Classes, Nations, Literatures*, London: Verso.

《理论中的阶级、民族、文学》。包含一个关于萨义德的高度批判性的章节,是期刊《公共文化》一期特刊中大部分辩论的主题。

Ansell-Pearson, K., Parry, B. and Squires, J. (1997) *Cultural Readings of Imperialism: Edward Said and the Gravity of History*, London: St Martin's.

《对帝国主义的文化解读:爱德华·萨义德与历史的重力》。这一系列论文,思考了萨义德的作品对于对帝国主义的解读的影响。

Aruri, Narseer Hassan and Shuraydi, Muhammad (eds) (2000) *Revising Culture, Reinventing Peace: The Influence of Edward Said*, New York: Interlink.

《重访文化,重新发明和平:爱德华·萨义德的影响》。一本关于萨义德对文化理论的影响的研究。

Ashcroft, Bill and Ahluwalia, Pal (1999) *Edward Said: The Paradox of Identity*, London: Routledge.

《爱德华·萨义德:认同的吊诡》。劳特利奇核心思想家丛书中《爱德华·萨义德》的原作。

Ashcroft, Bill and Khadim, Hussein (eds) (2001) *Edward Said and the Post-Colonial*, New York: Nova Science.

《爱德华·萨义德与后殖民》。一部研究萨义德与后殖民理论暧昧关系的论文集。

Bayumi, Moustapha and Rubin, Andrew（eds）（2000）*The Edward Said Reader*, New York：Vintage.

　　《爱德华·萨义德读本》。

Boundary 2, Special Issue on Edward Said, summer 1998, 25(2).

　　《边界2》,爱德华·萨义德专号。收集了关于爱德华·萨义德作品各个方面的论文,包含一个对萨义德的访谈。

Bové, Paul A.（ed.）（2000）*Edward Said and the Work of the Critic：Speaking Truth to Power*, Durham, NC：Duke University Press.

　　《爱德华·萨义德与批评家的工作:对权力说真话》。一部关于爱德华·萨义德作品各个方面的论文集,里面的论文最初发表在期刊《边界2》上。它还包含一个对萨义德的访谈。

Childs, P. and Williams, P.（1997）*An Introduction to Post-Colonial Theory*, London：Prentice Hall.

　　《后殖民理论导论》。一部关于后殖民理论的导论性作品,包含一个关于萨义德的导论性的章节。

Clifford, J.（1988）'On Orientalism', in *The Predicament of Culture：Twentieth Century Ethnography, Literature and Art*, Cambridge, MA：Harvard University Press.

　　《论东方学》。对《东方学》的一个重要批判,提出了关于萨义德的假设和方法的问题。

Cohen, Warren I.（ed.）（1983）*Reflections on Orientalism：Edward Said, Roger Besnahan, Surjit Dulai, Edward Graham, and Donald Lammers*, East Lansing, MI：Asian Studies Center, Michigan State University.

　　《反思东方学:爱德华·萨义德、罗杰·贝斯纳罕、苏尔吉特·

杜莱、爱德华·格雷厄姆和唐纳德·拉莫斯》。一系列讨论萨义德的《东方学》的影响和对《东方学》的更大范围的应用的文章。

Curthoys, Ned and Ganguly, Debjani (eds) (2007) *Edward Said: The Legacy of a Public Intellectual*, Melbourne: Melbourne University Press.

《爱德华·萨义德:一名公共知识分子的遗产》。一部关于萨义德的公共知识分子角色的出色论文集。

Hart, William D. (2000) *Edward Said and the Religious Effects of Culture*, Cambridge: Cambridge University Press.

《爱德华·萨义德与文化的宗教效应》。

Hogan, Patrick Colm (ed.) (2006) *Special Issue: Edward Said*, *Journal of Postcolonial and Commonwealth Literature* vol. 11, nos 1-2 (Spring and Fall 2004).

《后殖民与英联邦文学期刊专号:爱德华萨义德》。一组出色的文章,探索了萨义德的遗产和理论的有用性。

Hussein, Abdirahman (2002) *Edward Said: Criticism and Society*, London: Verso.

《爱德华·萨义德:批评与社会》。

Kennedy, Valerie (2000) *Edward Said: A Critical Introduction*, London: Polity.

《爱德华·萨义德:一个批判的导论》。

Masalha, Nur (2005) *Catastrophe Remembered: Palestine, Israel and the Internal Refugee: Essays in Memory of Edward W. Said (1935-2003)*, London: Zed Books.

《记忆灾难:巴勒斯坦、以色列和内部的难民:爱德华·W.萨义德(1935—2003)纪念文集》。

Marrouchi, M. (1991)'The critic as dis/placed intelligence: the case of Edward Said', *Diacritics* 21(1): 63-74.

《作为错/位的智力的批评家:爱德华·萨义德的案例》。一篇富有洞见和同情的文章,说明了萨义德作品的重要性。

Marrouchi, M. (2004) *Edward Said at the Limits*, London: Verso.

《在极限的爱德华·萨义德》。

Nagy-Zekmi, Sylvia (ed.) (2006) *Paradoxical Citizenship: Edward Said*, Lanham MD: Lexington Books.

《吊诡的公民身份:爱德华·萨义德》。一部完整的关于萨义德作品的论文集。

Niyogi, Chandreyee (2006) *Reorienting Orientalism*, London: Sage.

《重新定位东方学》。

Porter, D. (1983)'Orientalism and its problems', in Peter Hulme, Margaret Iversen and Dianne Loxley (eds) *The Politics of Theory*, Colchester: University of Essex Press.

《东方学及其问题》。一篇批判的论文,记录了许多人所谓的萨义德对福柯的错误挪用。

Robbins, B., Pratt, M.L., Arac, J., Radhakrishnan, R. and Said, E. (1994)'Edward Said's culture and imperialism: a symposium', Social Text 12(3): 1-24.

《爱德华·萨义德的〈文化与帝国主义〉:一次研讨会》。一次关于萨义德的书《文化与帝国主义》的研讨会的会议综述,会上许多后殖民批评家就这部作品的重要性展开了讨论。

Singh, Amrijit and Bruce Johnson (2004) *Interviews with Edward Said*, Jackson: University of Mississippi Press.

《爱德华·萨义德访谈录》。一部时间跨度很大的访谈录。

Sprinker, Michael (ed.) (1992) *Edward Said: A Critical Reader*, Oxford: Blackwell.

《爱德华·萨义德:一个批判的读本》。这部论文集收录了一些影响力巨大的后殖民批评家的论文,包含一个对萨义德的访谈。

Varadharajan, A. (1995) *Exotic Parodies: Subjectivity in Adorno, Said and Spivak*, Minneapolis: University of Minnesota Press.

《域外的戏彷:阿多诺、萨义德和斯皮瓦克那里的主体性》。一部学术著作,研究了在理解主体性的进路上阿多诺对萨义德的影响,以及萨义德对斯皮瓦克的认属。

Walia, Shelley (2001) *Edward Said and the Writing of History*, Lanham, MD: Totem Books.

《爱德华·萨义德与历史的写作》。

Young, R. (1990) *White Mythologies: Writing History and the West*, London:Routledge.

《白色神话:书写历史与西方》。关于萨义德的那个章节里有一个关于东方学的重要讨论。

参考文献

Abaza, M. and Stauth, G. (1990) 'Occidental reason, Orientalism, Islamic fundamentalism: a critique', in M. Albrow and E. King (eds) *Globalization, Knowledge and Society*, London: Sage.

Adams, P. (1997) 'Interview with Edward Said', Australian Broadcasting Corporation, 17 September.

Ahluwalia, P. and McCarthy, G. (1998) 'Political correctness: Pauline Hanson and the construction of Australian identity', *Australian Journal of Public Administration* 57(3): 79-85.

Ahmad, A. (1992) *In Theory: Classes, Nations, Literatures*, London: Verso.

—— (1995) 'The politics of literary postcoloniality', *Race and Class* 36: 1-20.

al-Azm, S. J. (1981) 'Orientalism and Orientalism in reverse', *Khamsin* 8: 9-10.

Alexander, E. (1989) 'Professor of Terror', *Commentary* 88 (2): 49-50.

Ali, T. (1994) *Interview with Edward Said*, Special Broadcasting Service, Australia.

Arnold, M. (1865) 'The function of criticism at the present time', in *Essays in Criticism*, London and New York: Macmillan.

Ashcroft, B. (1996) 'Conversation with Edward Said', *New Literatures Review* 32: 3-22.

Ashcroft, B., Griffiths, G. and Tiffin, H. (1989) *The Empire Writes Back: Theory and Practice in Post-Colonial Literatures*, London: Routledge.

—— (1995) *The Post-colonial Studies Reader*, London: Routledge.

—— (1998) *Key Concepts in Post-colonial Studies*, London: Routledge.

—— (2007) *Key Concepts in Post-colonial Studies*, 2nd edn, London: Routledge.

Begin, M. (1972) *The Revolt*, trans. Samuel Kalz, Jerusalem: Steimatzkys Agency.

Behdad, A. (1994a) 'Orientalism after Orientalism', *L'Esprit Créateur* 34(2): 1-11.

—— (1994b) *Belated Travelers: Orientalism in the Age of Colonial Dissolution*, Durham, NC: Duke University Press.

Benda, J. (1980) *The Treason of the Intellectuals*, trans. Richard Aldington, London: Norton.

Bertens, H. (1995) *The Idea of the Postmodern*, London: Routledge.

Bhabha, H. (1986) 'The other question: difference, discrimination, and the discourse of colonialism', in F. Barker, P. Hulme and M. Iversen (eds) *Literature, Politics and Theory*, London: Methuen.

—— (ed.) (1990) *Nation and Narration*, London: Routledge.

—— (1994) *The Location of Culture*, London: Routledge.

Bhatnagar, R. (1986) 'Uses and limits of Foucault: a study of the theme of origins in Edward Said's *Orientalism*', *Social Scientist* (Trivandrum) 158: 3-22.

Bloom, A. (1987) *The Closing of the American Mind: How Higher Education Has Failed Democracy and Impoverished the Souls of Today's Students*, New York: Simon & Schuster.

Boyarin, D. and Boyarin, J. (1989) 'Toward a dialogue with Edward Said', *Critical Inquiry* 15(3): 626-33.

Breckenridge, C. and Van der Veer, P. (eds) (1993) *Orientalism and the Postcolomal Predicament: Perspectives on South Asia*, Philadelphia, PA: University of Pennsylvania Press.

Brennan, T. (1992) 'Places of mind, occupied lands: Edward Said and philology', in M. Sprinker (ed.) *Edward Said: A Critical Reader*, Oxford: Blackwell.

Carrier, J. (ed.) (1995) *Occidentalism: Images of the West*, Oxford: Oxford University Press.

Césaire, A. (1968) *Return to My Native Land*, Paris: Présence Africaine.

—— (1983) *The Collected Poetry*, trans. C. Eshelman and A. Smith, Berkeley, CA: University of California Press.

Chambers, I. and Curti, L. (eds) (1996) *The Post-Colonial Question*, London: Routledge.

Chambers, R. (1980) 'Representation and authority', *Comparative Studies in Society and History* 22: 509-12.

Chatterjee, P. (1992) 'Their own words? An essay for Edward Said', in Michael Sprinker (ed.) *Edward Said: A Critical Reader*, Oxford: Blackwell.

Childs, P. and Williams, P. (1997) *An Introduction to Post-Colonial Theory*, London: Prentice Hall.

Clifford, J. (1988) 'On Orientalism', *in The Predicament of Culture: Twentieth Century Ethnography, Literature and Art*, Cambridge, MA: Harvard University Press.

Dallmayr, F. (1997) 'The politics of nonidentity: Adorno, postmodernism-and Edward Said', *Political Theory* 25(1): 33-56.

Dirlik, A. (1994) 'The postcolonial aura: Third World criticism in the age of global capitalism', *Critical Inquiry* Winter: 328-56.

Donald, J. and Rattanasi, A. (eds) (1992) *Race, Culture and Difference*, London: Sage.

D'Souza, D. (1995) *The End of Racism*, New York: The Free Press.

During, S. (1987) 'Postmodernism or postcolonialism', *Textual Practice* 1(1):32-47.

Dutton, M. and Williams, P. (1993) 'Translating theories: Edward Said on Orientalism, imperialism and alterity', *Southern Review* 26 (3): 314-57.

Fanon, F. (1964) *The Wretched of the Earth*, Harmondsworth: Penguin.

—— (1970) *Toward the African Revolution*, Harmondsworth: Penguin.

—— (1986) *Black Skins, White Masks*, London: Pluto Press.

Field, M. (1993) 'Exile, culture and imperialism', *24 Hours (ABC Radio)* 17(1):43-45.

Fukuyama, F. (1992) *The End of History and the Last Man*, London: Hamish Hamilton.

Gates, H.L. (1991) 'Critical Fanonism', *Critical Inquiry* 17 (3): 457-70.

—— (1993) 'Said as music critic', *Raritan* 13(1): 108-16.

Griffin, R. (1989) 'Ideology and misrepresentation: a response to Edward Said', *Critical Inquiry* 15(3): 611-25.

Hulme, P. (1986) *Colonial Encounters: Europe and the Native Caribbean*, 1492-1797, London: Methuen.

Huntington, S.P. (1996) *The Clash of Civilizations and the Remaking of*

World Order, New York: Simon & Schuster.

Hutcheon, L. (1989) 'Circling the downspout of empire: post-colonialism and postmodernism', *Ariel* 20(4): 149-75.

—— (1994) 'The post always rings twice: the postmodern and the postcolonial', *Textual Practice* 8(2): 205-39.

Inden, R. (2000), *Imagining India*, Bloomington, IN: Indiana University Press.

Jain, J. (1991) *Problems of Postcolonial Literatures and Other Essays*, Jaipur: Printwell.

JanMohamed, A. (1983) *Manichean Aesthetics: The Politics of Literature in Colonial Africa*, Amherst, MA: University of Massachusetts Press.

—— (1992) 'Worldliness-without-world, homelessness-as-home: toward a definition of the specular border intellectual', in Michael Sprinker (ed.) *Edward Said: A Critical Reader*, Oxford: Blackwell.

Kabbani, R. (1986) *Europe's Myth of Empire*, Bloomington, IN: Indiana University Press.

Kaviraj, S. (1993) 'The politics of nostalgia', *Economy and Society* 22 (4): 525-43.

Lewis, B. (1982a) 'Orientalism: an exchange', *New York Review of Books* 29(13): 46-8.

—— (1982b) 'The question of Orientalism', *New York Review of Books* 29(11): 49-56.

—— (1993) *Islam and the West*, New York: Oxford University Press.

Lewis, R. (1995) *Gendering Orientalism: Race, Femininity and Representation*, New York: Routledge.

Little, D. (1979) 'Three Arabic critiques of *Orientalism*', *Muslim World* 69(2): 118-21, 127, 130.

Lyotard, J-F. (1984) *The Postmodern Condition: A Report on Knowledge*, Manchester: Manchester University Press.

McClintock, A. (1992) 'The angel of progress: pitfalls of the term "postcolonialism"', *Social Text Spring*: 1-15.

McLaren, P. (1991) 'Postmodernism, post-colonialism and pedagogy', *Education and Society* 9(1): 3-22.

Macksey, R. and Donato, E. (1970) *The Structuralist Controversy: The Language of Criticism and the Sciences of Man*, Baltimore, MD: Johns Hopkins University Press.

Majeed, J. (1992) *Ungoverned Imaginings: James Mill's History of British India and Orientalism*, Oxford: Oxford University Press.

Majid, A. (1996) 'Can the postcolonial critic speak? Orientalism and the Rushdie affair', *Cultural Critique* Winter 1995-96: 5-42.

Mani, L. and Frankenberg, R. (1985) 'The challenge of *Orientalism*', *Economy and Society* 14: 174-92.

Marrouchi, M. (1991) 'The critic as dis/placed intelligence: the case of Edward Said', *Diacritics* 21(1): 63-74.

Michel, M. (1995) 'Positioning the subject: locating postcolonial studies', *Ariel* 26(1): 83-99.

Miller, J. (1990) *Seductions: Studies in Reading and Culture*, London: Virago.

Miller, T. (1993) *The Well-Tempered Self*, Baltimore, MD: Johns Hopkins University Press.

Mishra, V. and Hodge, B. (1991) 'What is post (-) colonialism?', *Textual Practice* 5(3): 399-414.

Mudimbe, V. Y. (1988) *The Invention of Africa*, Bloomington, IN: Indiana University Press.

—— (1994) *The Idea of Africa*, Bloomington, IN: Indiana University Press.

Mutman, M. (1993) 'Under the sign of Orientalism: the West vs. Islam', *Cultural Critique* Winter 1992-93: 165-97.

Nairn, T. (1994) 'What nations are for', *London Review of Books* 8 September.

Nkrumah, K. (1965) *Neo-Colonialism: The Last Stage of Imperialism*, London: Nelson.

Parry, B. (1987) 'Problems in current theories of colonial discourse', *Oxford Literary Review* 9(1-2): 27-58.

—— (1994) 'Resistance theory/theorising resistance or two cheers for nativism', in F. Barker, P. Hulme and M. Iversen (eds) *Colonial Discourse/Post Colonial Theory*, Manchester: Manchester University Press.

Pathak, Z., Sengupta, S. and Purkayastha, S. (1991) 'The prisonhouse of Orientalism', *Textual Practice* 5(2): 195-218.

Poliakov, L. (1974) *The Aryan Myth: A History of Racist and Nationalist Ideas in Europe*, trans. E. Howard, London: Chatto & Windus.

Porter, D. (1983) 'Orientalism and its problems', in P. Hulme, M. Iversen and D. Loxley (eds) *The Politics of Theory*, Colchester: University of Essex Press.

Pratt, M.L. (1992) *Imperial Eyes: Travel Writing and Transculturation*, London: Routledge.

Prochaska, D. (1994) 'Art of colonialism, colonialism of art: The *description de l'Égypte* (1809-28)', *L'Esprit Créateur* 34(2): 69-91.

Quayson, A. (2000) *Postcolonialism: Theory, Practice or Process?*, London: Polity Press.

Rassam, A. (1980) 'Comments on *Orientalism*', *Comparative Studies in Society and History* 22: 505-12.

Renan, E. (1896) *Poetry of the Celtic Races and Other Studies*, trans. W. G. Hutchinson, London: Walter Scott.

Robbins, B. (1994) 'Secularism, elitism, progress, and other transgressions: On Edward Said's "voyage in"', *Social Text* 12

（3）：25-37.

Robbins, B., Pratt, M.L., Arac, J., Radhakrishnan, R. and Said, E. (1994) 'Edward Said 's *Culture and Imperialism*: a symposium', *Social Text* 12(3): 1-24.

Said, E. (1966) *Joseph Conrad and the Fiction of Autobiography*, Cambridge, MA: Harvard University Press.

—— (1971a) '*Abecedarium Culturae*: structuralism, absence, writing', *TriQuarterly* Winter 1971.

—— (1971b) 'What is beyond formalism?', *Modern Language Notes* December 1971.

—— (1972) 'Michel Foucault as an intellectual imagination', *Boundary* 2 1(1) July 1972.

—— (1975) *Beginnings: Intention and Method*, New York: Basic Books.

—— (1976) 'Interview', *Diacritics* 6(3): 30-47.

—— (1978a) *Orientalism*, New York: Vintage.

—— (1978b) 'The problem of textuality: two exemplary positions', *Critical Inquiry* 4: 673-714.

—— (1979) *The Question of Palestine*, London: Vintage.

—— (1981) *Covering Islam*, New York: Vintage.

—— (1983) *The World, the Text and the Critic*, Cambridge, MA: Harvard University Press.

—— (1984a) 'The mind of winter: reflections on a life in exile', *Harper 's* 269: 49-55.

—— (1984b) 'Permission to narrate: reconstituting the siege of Beirut', *London Review of Books* 16-29 February 1984.

—— (1985) 'Orientalism reconsidered', *Race and Class* 27 (2): 1-16.

—— (1986a) *After the Last Sky*, New York: Pantheon.

—— (1986b) 'The burdens of interpretation and the question of Palestine', *Journal of Palestine Studies* 16(1): 29-37.

—— (1986c) 'Foucault and the imagination of power', in D. Hoy (ed.) *Foucault: A Critical Reader*, Oxford: Blackwell.

—— (1986d) 'Intellectuals in the post-colonial world', *Salmagundi* 70-1:43-64.

—— (1987) 'Miami twice', *London Review of Books* 10 December: 3-6.

—— (1989a) 'Representing the colonized: anthropology's interlocutors', *Critical Inquiry* 15, Winter, 205-25.

—— (1989b) 'Response', *Critical Inquiry* 15(3): 634-46.

—— (1990) 'Yeats and decolonization', in T. Eagleton, F. Jameson and E. Said (eds) *Nationalism, Colonialism and Literature*, Minneapolis: University of Minnesota Press.

—— (1991a) *Musical Elaborations*, New York: Columbia University Press.

—— (1991b) 'Identity, authority, and freedom: the potentate and the traveler', *Transition* 54: 4-18.

—— (1993a) *Culture and Imperialism*, London: Chatto & Windus.

—— (1993b) 'Nationalism, human rights, and interpretation', *Raritan* 12(3):26-52.

—— (1994a) *Representations of the Intellectual: The 1993 Reith Lectures*, London: Vintage.

—— (1994b) *The Pen and the Sword: Conversations with David Barsamian*, Monroe, ME: Common Courage Press.

—— (1994c) *The Politics of Dispossession*, London: Chatto & Windus.

—— (1994d) 'Gods that always fail', *Raritan* 13(4): 1-14.

—— (1995a) 'Afterword', in *Orientalism*, New York: Vintage.

—— (1995b) *Peace and its Discontents*, New York: Vintage.

—— (1996) 'Lost between war and peace: Edward Said travels with his son in Arafat's Palestine', *London Review of Books* 5 September: 10-14.

—— (1997) 'Introduction', in *Covering Islam*, New York: Vintage.

—— (1999) *Out of Place: A Memoir*, London: Granta.

—— (2001) *Power, Politics and Culture: Interviews with Edward Said*, New York: Random House.

—— (2003a) *Freud and the Non-Europeans*, London: Freud Museum.

—— (2003b) 'Untimely meditations', *The Nation* (August).

—— (2004) *Humanism and Democratic Criticism* New York: Columbia University Press.

—— (2006) *On Late Style: Music and Literature Against the Grain*, New York: Vintage.

Said, E. and Hitchens, C. (eds) (1988) *Blaming the Victims: Spurious Scholarship and the Palestinian Question*, London: Verso.

Salusinszky, I. (ed.) (1987) 'Interview with Edward Said', in *Criticism in Society*, New York: Methuen.

Schlesinger, A. (1991) *The Disuniting of America*, New York: W.W. Norton.

Shohat, E. (1992) 'Antinomies of exile: Said at the frontiers of national narrations', in M. Sprinker (ed.) *Edward Said: A Critical Reader*, Oxford: Blackwell.

Sivan, E. (1985) 'Edward Said and his Arab reviewers', in *Interpretations of Islam: Past and Present*, Princeton, NJ: University of Princeton Press.

Spivak, G. (1988) 'Can the subaltern speak?', in C. Nelson and L.

Grossberg (eds) *Marxism and the Interpretation of Culture*, London：Macmillan.

—— (1993) *Outside in the Teaching Machine*, New York：Routledge.

Sprinker, M. (ed.) (1992) *Edward Said：A Critical Reader*, Oxford：Blackwell.

Spurr, D. (1993) *The Rhetoric of Empire：Colonial Discourse in Journalism, Travel Writing, and Imperial Administration*, Durham, NC：Duke University Press.

Teltscher, K. (1995) *India Inscribed：European and British Writing on India*, Oxford：Oxford University Press.

Thomas, N. (1994) *Colonialism 's Culture：Anthropology, Travel and Government*, Carlton：Melbourne University Press.

Varadharajan, A. (1995) *Exotic Parodies：Subjectivity in Adorno, Said and Spivak*, Minneapolis：University of Minnesota Press.

Viswanathan, G. (1987) ' The beginnings of English literary study in British India', *Oxford Literary Review* 9(1-2)：2-26.

Wahba, M. (1989) ' An anger observed', *Journal of Arabic Literature* 20 (2), 187-99.

Williams, R. (1958) *Culture and Society 1780-1950* , London：Chatto & Windus.

Windschuttle, K. (2000) ' Edward Said's *Orientalism* revisited', *Quadrant* January-February：21-7.

Wolf, M. E. (1994) ' Rethinking the radical West：Khatibi and deconstruction', *L' Esprit Créateur* 34(2)：58-67.

Young, R. (1990) *White Mythologies：Writing History and the West*, London：Routledge.

—— (1995) ' *Colonial Desire*'：*Hybridity in Theory, Culture and Race*, London：Routledge.

索 引

OPEC 石油危机　OPEC oil crisis　123

阿巴扎,莫纳　Abaza, Mona　6,77,78

阿多诺,西奥多　Adorno, Theodor　44,135,137,138

阿尔及利亚　Algeria　102,103

阿卡莱,阿米尔　Alcalai, Amiel　92

阿拉法特,Y.　Arafat, Y.　122,130,131,133

阿诺德,马修　Arnold, Matthew　43;与文化　and culture　84

阿以战争(1967)　Arab-Israeli War（1967）　3,119

埃及　Egypt　57,59

埃斯库罗斯　Aeschylus　55

艾哈迈德,阿伊贾兹　Ahmed, Aijaz:马克思主义批评　Marxist criticism　73-5

艾哈迈德,伊克巴尔　Ahmed, Eqbal　38

艾略特,乔治　Eliot, George　119

安提瓜　Antigua　94,95

奥布莱恩,康纳·克鲁斯　O'Brien, Connor Cruise　124

奥尔巴赫,埃里希　Auerbach, Eric　40,147

奥斯陆和平协定　Oslo Peace Accord　37

奥斯汀,简　Austen, Jane:《曼斯菲尔德庄园》　*Mansfield Park*,的对
位阅读　contrapuntal reading of　94-6

巴巴,霍米·K.　Bhabha, Homi K.　14;流亡者的集合　gathering
of exiles　44-5;论东方学　on Orientalism　79-80

巴解组织　PLO　122,130

巴勒斯坦　Palestine　4;与文化理论　and cultural theory　6-7;流
亡与认同　exile and identity　127;责备受害者　blaming the
victims　128;剥夺的政治　politics of dispossession　129-33

巴勒斯坦,与萨义德的认同　Palestine, and Said's identity　115;
《巴勒斯坦问题》　*The Question of Palestine*　116-19;犹太复国
主义及其受害者　Zionism and its victims　119-22

巴勒斯坦起义　intifadah　130

巴勒斯坦全国委员会　Palestine National Council　38

《巴勒斯坦问题》　*Question of Palestine*　4,116-19

巴特,罗兰　Barthes, Roland　16,17,18,21,26

霸权　hegemony　26,43,52,72,73,85;定义　def.　41-2

白板　tabula rasa　4

《报道/遮蔽伊斯兰》　*Covering Islam*　122-7

贝登堡,罗伯特　Baden Powell, Robert　100

贝多芬　Beethoven　10,135,137-8,140

贝尔福,阿瑟勋爵　Balfour, Lord Arthur　4,56,116

贝尔福宣言　Balfour Declaration　2

贝赫达德,阿里　Behdad, Ali　80

贝京,梅纳赫姆　Begin, Menachim　119

本体论　ontology;定义　def.　56

本土主义　nativism　106,107,109

彼得斯,乔安　Peters, Joan　129

波罗,马可　Polo, Marco　72

波特,德尼斯　Porter, Dennis　70,71;对福柯的错误挪用
　　misappropriation of Foucault　71-3

布莱克,威廉　Blake, William　82

布雷南,蒂莫西　Brennan, Timothy　13

查特吉,帕沙　Chatterjee, Partha　151

重复　repetition　4

重复的　repetitive　36

仇外　xenophobia　70,85,1066

达顿,迈克尔　Dutton, Michael　77

达尔文主义　Darwinism　54

达维什,马哈茂德　Darwish, Mahmoud　122

大屠杀　Holocaust　50,118

但丁　Dante　55,147

当代批评　contemporary criticism,极端的功能主义　extreme
　　functionalism　16

当代批评家　contemporary critics,被边缘化的读者　readers
　　marginalised　30

德里达,雅克　Derrida, Jacques　15,20,137

狄更斯,查尔斯　Dickens, Charles　85

抵抗　resistance　65,84,103-105,106,107,113,121,146,154

抵抗,图绘一种抵抗的理论　resistance, mapping a theory of　103-
14;双重进程　twofold process　105-6

地点/场所　place　1,21,35,40,92,116,148

地理　geography　92-3;与本体论　and ontology　96;也可参见想
象的地理　imaginative geography

帝国的文化　imperial culture　87,88;假设之深　depth of
assumptions　85;帝国主义:意识形态的和解　imperialism:
ideological pacification　82;萨义德的定义　Said's def.　87-8;
与地理　and geography　94,97

蒂尔彻,凯特　Teltscher, Kate　150

丁尼生,阿尔弗雷德勋爵　Tennyson, Alfred Lord　96

东方,"好的"和"坏的"　Orient, 'good' and 'bad'　50

东方,术语的同质化　Oriental, homogenisation of term　47;1,49,
52,54,57,61,66,71,74,82,117,154

东方学,权力与知识　Orientalism, power and knowledge　8,47-81;
权力与知识之间的关联　link between power and knowledge
47;origins　起源　48-52;多元决定的　overdetermined　50-1;
在世性　worldliness　52-4;结构　structure　54-6;范围　scope
56-60;知识与权力　knowledge and power　56;二元性
binary nature　58;话语的问题　problems of discourse　58;"根
本的现实主义"　'radical realism'　59;的话语　discourse of
60-5;多层次写作　palimpsest　60;与学术学科　and academic
disciplines　62;东方的客体化　objectification of Orient　62;在
世性　worldliness　63;知识与再现　knowledge and

representation　63;抵抗问题　question of resistance　65-7;攻击的敌意　hostility of attacks　69;性别批判,萨义德的回应　gender critique, Said's response　78;的演化　evolution of 135

东方学,现代的东方学　Orientalism, modern　54

《东方学》(书)　*Orientalism*(book)　1,4;批判　critiques　47-81;业余主义　amateurism　68;恐怖的教授　professor of terror　69;区域研究　area studies　70;方法论　methodological　71;性别　gender　78;扬,罗伯特　Young, Robert　75-6;克利福德,詹姆斯　Clifford, James　76-7;的拓展　extensions of　79

东方学研究,与欧洲的扩张　Orientalist study, and European expansion　57

冬天的心境　mind of winter　41

独一无二的惩罚性的命运　uniquely punishing destiny　52

对权力说真话　speak truth to power　9,15,37-9,46,53,65,132,136,153

对位的合奏　contrapuntal ensembles　26

对位的视角　contrapuntal perspective　94

对位地　contrapuntally　41,89,90,91,102

对位性与世俗主义　contrapuntality and secularism　104

对位阅读　contrapuntal reading　26,89-96;定义　def.　89,139;与后殖民的视角　and post-colonial perspective　93,96;定义正典　defining canon　144

恩克鲁玛,夸梅　Nkrumah, Kwame　87

法农,弗朗茨　Fanon, Frantz　53,104,106,107-113,139,141；与"逆向的远行"　and 'voyage in'　110；与暴力　and violence 114-15

反对性　oppositionality　21,76,103

范式与语段　paradigm and syntagm　16-17

梵文　Sanskrit　47,48,59

非洲学　Africanism　83

风格　style　36-7；肯定在世性　confirms worldliness　36

弗兰肯贝格,鲁斯　Frankenberg, Ruth　78

《弗洛伊德与非欧洲人》　*Freud and the Non-European*　140-2

伏尔泰　Voltaire　64

福柯,米歇尔　Foucault, Michel　14,16,51,56；简史　brief history 66, 67, 82, 113, 152；对东方学的批评　Criticisms of Orientalism　71-8,79；与权力　and power　105

福柯的范式　Foucaultian paradigm　111

福楼拜,古斯塔夫　Flaubert, Gustave　57

复调的方法　polyphonic methodology　35

盖茨,亨利·路易斯　Gates, Henry Louis　109

盖伊松,阿托　Quayson, Ato　150

高比诺,阿图尔伯爵　Gobineau, Count Arthur　49

高文化　high culture　77,85,86,114,144

葛兰西,安东尼奥　Gramsci, Antonio　26,42,71,72

各种认属　affiliations　7,8,25,26；批评家的　of critic　32-5,89, 91,96,97,98

公共知识分子　public intellectual　1,6,9,27,31,53,68,115,133,

135,136,153,154

古尔德,格伦　Gould, Glenn　20-1,90,139

古兰　Koran　59

哈钦斯,弗朗西斯　Hutchins, Francis　101

海湾战争　Gulf War　37,125,130,131,141,153

含族　Hamitic　50

《和平及其不满》　*Peace and its Discontents*　132-3

和平进程,萨义德对和平进程的反对　peace process, Said's opposition to　132

赫斯,摩西　Hess, Moses　119

黑人性　négritude　107-8

黑斯廷斯,瓦伦　Hastings, Warren　59

亨廷顿,萨缪尔　Huntington, Samuel　125

后结构主义　post-structuralism　15-16;延宕　deferral　18;流行　popularity　16

后结构主义者　post-structuralists　7

后殖民的　post-colonial　110

后殖民理论:定义　post-colonial theory:def.　15;《东方学》的影响　influence of *Orientalism*　137

后殖民批评　post-colonial criticism　31;后殖民批评与当代理论的纠结关系　ambivalent relationship to contemporary theory　31

后殖民社会,与语言　post-colonial societies, and language　24

后殖民研究　post-colonial studies　7,31

后殖民作家,与在世性　post-colonial writer, and worldliness　19

话语　discourse　51;定义　def.　14;东方学的　of Orientalism

60-5

霍普金斯,杰拉德·曼利 Hopkins, Gerard Manley 23

基尔南,V.G. Kiernan, V.G. 96

吉卜林,鲁德亚德:对帝国主义的支持 Kipling, Rudyard: endorsement of imperialism 99

吉尔罗伊,保罗 Gilroy, Paul 92

《吉姆》:的对位阅读 Kim: contrapuntal reading of 99-102;东方学的刻板印象 Oriental stereotyping 100;(帝国的)大博弈 Great Game (of empire) 101

加缪,阿尔贝尔 Camus, Albert:《局外人》 L'Étranger,的对位阅读 contrapuntal reading of 102-3

简穆罕默德,阿卜杜 JanMohamed, Abdul 30

结构主义分析 structuralist analysis 17

结构主义革命 structuralist revolution 27

解放 liberation 113

卡巴尼,拉娜 Kabbani, Rana 136

卡布拉尔,阿米卡尔 Cabral, Amilcar 107

卡莱尔,托马斯 Carlyle, Thomas 85,96

卡里尔,詹姆斯 Carrier, James 150

卡特,吉米 Carter, Jimmy 71

《开端》 Beginnings 12,136

康拉德,约瑟夫 Conrad, Joseph 3,23,69,83,87,88,100,105;重写 rewriting 106,120

克罗默,勋爵 Cromer, Lord 49

拉康,雅克 Lacan, Jacques 152

拉萨姆,阿玛尔 Rassam, Amal 80

拉什迪,萨尔曼 Rushdie, Salman 38,75,106,133

拉斯金,约翰 Ruskin, John 85

劳伦斯,T.E. Lawrence, T.E. 72

勒南,欧内斯特 Renan, Ernest 49

黎巴嫩 Lebanon 129

利科,保罗 Ricoeur, Paul 20-1

利特尔 Little 6

刘易斯,伯纳德 Lewis, Bernard 70,71,125

刘易斯,雷纳 Lewis, Reina 79

流亡 exile 3,5,7,9,15,92,133,134,148;赞美流亡 celebration of 39-45;流亡的原创性,复数性,纠结性 originality, plurality, ambivalence 39;流亡与正典的关系 relationship to canon 40;与流散 and diaspora 40;以一个地方为家 home in a place 40,92;欧洲的流亡者和其他流亡者 European and diasporic 44;殖民主义的后果 consequence of colonialism 45;与知识分子 and the intellectual 115,141,142,147;巴勒斯坦人的流亡 Palestinian 119,127,131;与"晚期风格" and 'late style' 137,139

六天战争 Six Day War 139

卢卡奇,格奥尔格 Lukács, Georg 112

鲁斯塔姆,迈克尔 Rustum, Michael 53

论说文:解放在世性 essay: liberates worldliness 34;复调 polyphonic 35;文本性 textuality 35;认属 affiliations 35

《论晚期风格:逆流的音乐与文学》 On Late Style: Music and

Literature Against the Grain 136-9

罗宾斯,布鲁斯 Robbins, Bruce 38,90,91

罗斯柴尔德勋爵 Rothschild, Lord 2

马吉德,贾维德 Majeed, Javed 150

马克思,卡尔 Marx, Karl 55,71;"不能代表自己" 'cannot represent, themselves' 118

马克思主义 Marxism 31,55;定义 def. 74-5

马鲁奇,穆斯塔法 Marrouchi, Mustapha 110

玛尼,拉塔 Mani, Lata 78

矛盾 paradox 16,44,52,27,37,115

密尔,约翰·斯图亚特 Mill, John Stuart 84

民族主义,各种危险 nationalism, dangers 107

民族主义意识,的陷阱 nationalist consciousness, pitfalls of 112

莫尼汉,丹尼尔·帕特里克 Moynihan, Daniel Patrick 125

木萨拉姆,巴希姆 Musallam, Basim 53

穆迪姆贝,V.Y. Mudimbe, V.Y. 136

穆特曼,马赫穆特 Mutman, Mahmut 80

拿破仑,入侵埃及 Napoleon, invasion of Egypt 59

奈瓦尔,热拉尔·德 Nerval, Gerard de 57

内塔尼亚胡,本杰明 Netanyahu, Benjamin 129

尼采,弗里德里希 Nietzsche, Friedrich 18,23,139

逆向的远行 voyage in 8,107,109,110,111,113,114,116,133,141,154

逆写 writing back 66,69,77,106,113,105,136

《纽约时报》 *New York Times* 135

挪用的策略 strategies of appropriation 103,111

欧洲的帝国主义 European imperialism 50,83,113

欧洲的他者 Europe's others 46

欧洲的殖民主义 European colonialism 4,102,120

帕塔克,扎基亚 Pathak, Zakia 78,79

派普斯,丹尼尔 Pipes, Daniel 71

批判的法农主义 critical Fanonism 109

批评 criticism:位置性 situatedness 33;改善生活 life enhancing 36;抵抗霸权 resistance of hegemony 43

批评家 critic 1,2,25;的功能 function of 28-9;的在世性 worldliness of 30-3;的工作 work of 34-7

批评家 critics,与权力的关系 relations with power 19-20

普卡娅斯塔,莎米拉 Purkayastha, Sharmila 78

普世性 universality 87,88,96,98

钱伯斯,罗斯 Chambers, Ross 80

乔伊斯,詹姆斯 Joyce, James 22

琼斯,威廉 Jones, William 48,57,59

区域研究 Area Studies 70

去殖民化 decolonisation 105,109

人文主义 Humanism 10,76,77,103,135,137,138,142,143,144, 145,146,147,148,153,154

《人文主义与民主批评》 *Humanism and Democratic Criticism* 27,
142-8

认识论 epistemology;定义 def. 55-6

认属 affliation 23;与批评活动 and critical activity 23;文本的
位置性 locatedness of text 24;文本的物质性 materiality of
text 25,26

认同 identity 2,4,48,109,115,127,140,142,148;的矛盾
paradox of 5-6;巴勒斯坦人的 Palestinian 3;的建构
construction of 5;的文本 text of 5;作为一种文本 kind of
text 7;自我与他者的辩证 dialectic of self and other 110;民
族认同 national 114;也可参见文化认同 cultural identity

认同的矛盾 paradox of identity 2,3,5

萨克雷,威廉 Thackeray, William 85

萨利赫,塔伊布 Salih, Tayeb 105-6

萨义德,爱德华:在后殖民研究中的地位 Said, Edward:place in
post-colonial studies 1;早年的生活 early life 2;文化理论与
巴勒斯坦认同 cultural theory and Palestinian identity 4;错位
dislocation 5;流亡 exile 5;观念的连贯一致 consistency
of ideas 13;职业生涯的矛盾 paradox of career 29;对福柯
的不满 dissatisfaction with Foucault 65;对福柯的"错误挪
用" 'misappropriation' of Foucault 67;抵抗与知识分子
resistance and intellectuals 67;文学批评与文化理论之间的关
联 link between literary criticism and cultural theory 138

塞万提斯 Cervantes 64

森古普塔,萨斯瓦提 Sengupta, Saswati 78

莎士比亚,威廉 Shakespeare, William 106

闪族 Semitic 50

圣维克托的休格 Hugo of St Victor 39

胜利的集结点 rendezvous of victory 154

施莱格尔,弗里德里希 Schlegel, Friedrich 50

施陶特,格奥尔格 Stauth, Georg 6,77,78

史密斯,伯纳德 Smith, Bernard 93

《世界,文本和批评家》 *The World, the Text and the Critic* 13-26,
28-46,126

世俗的诠释 secular interpretation 105

世俗的三位一体 secular trinity 28

世俗批评 secular criticism 7,15,28-30,37,38;辅祭的神职种姓
priestly class of acolytes 31;教条的形而上学家 dogmatic
meta-physicians 31

斯科特,沃尔特爵士 Scott, Walter Sir 57

斯皮瓦克,佳亚特里·查克拉瓦蒂 Spivak, Gayatri Chakravorty
14,75,151,152

斯普林格,迈克尔 Sprinker, Michael 68,104

斯威夫特,乔纳森 Swift, Jonathan 40

索绪尔,费尔南·德:符号理论 Saussure, Ferdinand de：theory of
signs 18

他者 others 61

塔克,罗伯特 Tucker, Robert 124

态度与参照的结构 structure of attitude and reference 89

提昂戈,恩古吉·瓦 Thiongo, Ngúgi wa 38,105

晚期风格　Late Style　9,10,55,135-9,140,147,148,154

王尔德,奥斯卡　Wilde, Oscar　23,36

威尔第,朱塞佩:《阿依达》　Verdi, Guiseppe：*Aida*　97-9

威尔逊,埃德蒙　Wilson, Edmund　100

威廉斯,彼得　Williams, Peter　77

威廉斯,雷蒙德　Williams, Raymond　41,54;情感结构　structures
　　of feeling　86

维科,詹巴蒂斯塔　Vico, Giambattista　14,111,143

维克,珍妮弗　Wicke, Jennifer　104

维斯瓦纳坦,高里　Viswanathan, Gauri　73,85

文本:物质性　text：materiality　16;纹理　texture　16;作者
　　authorship　17;处在世界中的行动　act located in the world
　　19;文本是在世界中的　being in the world　21;错误的态度
　　erroneous attitudes　22;与德里达的不同　difference from
　　Derrida　23;与读者　and reader　24;在世性　worldliness
　　32

"文本的态度"　'textual attitude'　60

文本的在世性　worldliness of the text　13-26;批评家写作,写作的
　　欲望　the critic writing, desire to write　19

文本性　textuality　4,5,7,18,21,23,26,28,29,32,35,60;定义
　　def.　19;当代批评的抽身而退　retreat of contemporary
　　criticism　28-9

文化　culture:过程　process　5;与国家的权力　and power of the
　　state　44;与价值　and value　42;与国家的关联　link with
　　state　86;认同的来源　source of identity　86;萨义德的定义
　　Said's definition　86-7;与帝国主义的关联　link with

imperialism   87

文化认同   cultural identity   26,79,88

文化生产   cultural production   88

《文化与帝国主义》   *Culture and Imperialism*   36,82-114

文化整合,帝国的文化整合   cultural integrity of empire   98

文明化的价值   civilising values   84

文明使命   civilising mission   4,83-4,100-1,118,145

沃尔泽,迈克尔   Walzer, Michael   124,129

西方学,的陷阱   Occidentalism, trap of   76

西万,埃曼纽埃尔   Sivan, Emmanuel   6

希罗多德   Herodotus   58

希钦斯,克里斯托弗   Hitchens, Christopher   128,132

现代化理论   modernisation theory   124

想象的地理   imaginative geography   58,59

小说与帝国   novel and empire   88-90

写作的欲望   desire to write   19

新殖民主义   neo-colonialism   99

性别问题   gender issues   78,100

虚假的学术   spurious scholarship   128

叙述的许可   permission to narrate   128

雅弗族   Japhetic   50

雅利安人种   Aryan race,的神话   myth of   50

亚历山大,爱德华   Alexander, Edward   69-70

亚历山大大帝   Alexander the Great   58,71

扬,罗伯特　Young, Robert　65,67,75,76,77,139,152

业余爱好者　amateur,的爱好者　lover of　33,34,68,117

业余主义　amateurism　9,15,28;反理论的专业化　against specialisation of theory　34-5

叶芝,W.B.　Yeats, W.B.　118

伊朗　Iran　124

伊斯兰:多样性　Islam: diversity　9;的各种再现　representations of 122-7

以色列　Israel　116,121,129-30

意识形态的和解　ideological pacification　82

意指的延宕　deferral of signification　20-2

印登,罗纳德　Inden, Ronald　150

印度兵变　Indian Mutiny　100

印度热　Indomania　48

印欧语言　Indo-European languages　48,67

英国帝国主义　British imperialism,与小说　and novel　89

英语文学　English literature　1,7,31:的认属进路　affiliative approach to　25;在印度　in India　73,86;中的小说　the novel in　85,91

犹太复国主义　Zionism　116;救赎性的占领　redemptive occupation　117;与再现　and representation　119;与欧洲扩张主义的相似　similar to European expansionism　120

犹太复国主义者　Zionist　4,117,119,120,121

雨果,维克多　Hugo, Victor　55

语言,的历史　language, history of　48

原教旨主义　fundamentalism　6,78,86,124,126,146

原始主义　primitivism　49

原属(与认属) filiation (and affiliation)　24-5

在世性　worldliness　1,8;对抗的再现　contesting representations 7,8,14,16,19;与后殖民文本　and post-colonial text　22;在文本中被建构的　constructed within text　23;政治的性质 political nature　24,27,29;对批评家来说的后果　consequence for critic　35;业余主义的意义　significance to amateurism 35,89,92,93,94,137

在世性　worldliness　7,8,16,20,21,22,23,25,27,30,33,34,39, 45,46,48,63,69,86,89,90,108,115,134,136,149,151,152

责备的修辞　rhetoric of blame　8,33,90,91,104,113;也可参见责备的政治　politics of blame

责备的政治,世俗的诠释拒绝责备的政治　politics of blame, rejected by secular interpretation　38

《责备受害者》 Blaming the Victims　128-9

詹姆斯,C.L.R.　James, C.L.R.　107

正典的重写　canonical rewritings　106

支配的话语　dominant discourse　110

知识分子　Intellectual　1,6,9,15,27,28,37,38,40,43,46,68,73,115, 134,135,136,142,154;的角色　role of　9;知识分子的流亡,世俗主义,业余主义,在世性　exile of, secularism, amateurism, worldliness　44;也可参见公共知识分子　public intellectual

《知识分子的再现/代表》 Representations of the Intellectual　27,37, 38,135

殖民话语　colonial discourse　49,62

殖民话语分析　colonial discourse analysis　81,139

殖民话语理论　colonial discourse theory;定义　def.　15

殖民主义　colonialism　4,15,38,45,55,57,74,75;的具体性
concreteness of　92-3;与帝国主义的区别　as distinct from
imperialism　87;法国的殖民主义　French colonialism　102;在
巴勒斯坦　in Palestine　121-2

种族　race　15,49,50,75,97,109,148,154

种族思想　race thinking　97

自由主义　liberalism　31,76,118

《最后的天空之后》　*After the Last Sky*　3,127-8

图书在版编目(CIP)数据

导读萨义德:原书第2版／(澳)比尔·阿希克洛夫
特(Bill Ashcroft),(澳)帕尔·阿卢瓦利亚
(Pal Ahluwalia)著;王立秋译. --重庆:重庆大学
出版社,2020.9
(思想家和思想导读丛书)
书名原文:Edward Said 2e
ISBN 978-7-5689-2035-3

Ⅰ.①导… Ⅱ.①比… ②帕… ③王… Ⅲ.①爱德华
·萨义德—哲学思想—研究 Ⅳ.①B712.6

中国版本图书馆 CIP 数据核字(2020)第 161118 号

导读萨义德

(原书第2版)

[澳]比尔·阿希克洛夫特 著
[澳]帕尔·阿卢瓦利亚
王立秋 译

策划编辑:贾 曼 陈 康
特约策划:邹 荣 任绪军 特约编辑:邹 荣
责任编辑:贾 曼 陈 康 版式设计:邹 荣
责任校对:万清菊 责任印制:张 策

*

重庆大学出版社出版发行
出版人:饶帮华
社址:重庆市沙坪坝区大学城西路 21 号
邮编:401331
电话:(023)88617190 88617185(中小学)
传真:(023)88617186 88617166
网址:http://www.cqup.com.cn
邮箱:fxk@cqup.com.cn(营销中心)
全国新华书店经销
重庆市正前方彩色印刷有限公司印刷

*

开本:890mm×1168mm 1/32 印张:8.25 字数:204千 插页:32开2页
2020 年 11 月第 1 版 2020 年 11 月第 1 次印刷
ISBN 978-7-5689-2035-3 定价:45.00 元

封面设计:史英男　刘　骥
荒岛書店

gu∕de
思想家和思想导读丛书

★表示已出版

思想家导读

导读齐泽克★   导读巴特★

导读德勒兹★   导读德里达★

导读尼采★   导读弗洛伊德(原书第2版)★

导读阿尔都塞★   导读鲍德里亚(原书第2版)★

导读利奥塔★   导读阿多诺★

导读拉康★   导读福柯★

导读波伏瓦★   导读萨义德(原书第2版)★

导读布朗肖★   导读阿伦特★

导读葛兰西★   导读巴特勒★

导读列维纳斯★   导读巴赫金★

导读德曼★   导读维利里奥★

导读萨特★

思想家著作导读

导读尼采《悲剧的诞生》★   导读德勒兹《差异与重复》

导读德里达《书写与差异》★   (亨利·萨默斯-霍尔 著)

导读德里达《声音与现象》★   导读德勒兹与加塔利《什么是哲学?》★

导读德里达《论文字学》★   导读福柯《性史(第一卷):认知意志》★

导读德勒兹与加塔利《千高原》★ 导读福柯《规训与惩罚》★

导读德勒兹《差异与重复》★   导读萨特《存在与虚无》

(乔·休斯 著)   导读维特根斯坦《逻辑哲学论》★

                               导读维特根斯坦《哲学研究》★

思想家关键词

福柯思想辞典★   朗西埃:关键概念★

巴迪欧:关键概念★   布迪厄:关键概念(原书第2版)★

德勒兹:关键概念(原书第2版)★ 福柯:关键概念★

阿多诺:关键概念★   阿伦特:关键概念★

哈贝马斯:关键概念★   维特根斯坦:关键概念